筑梦 义乌国际登山健身步道

International Mountaineering Fitness Trail

الطريق الصحية لتسلق الجبل الدولية

국제등산건강거리

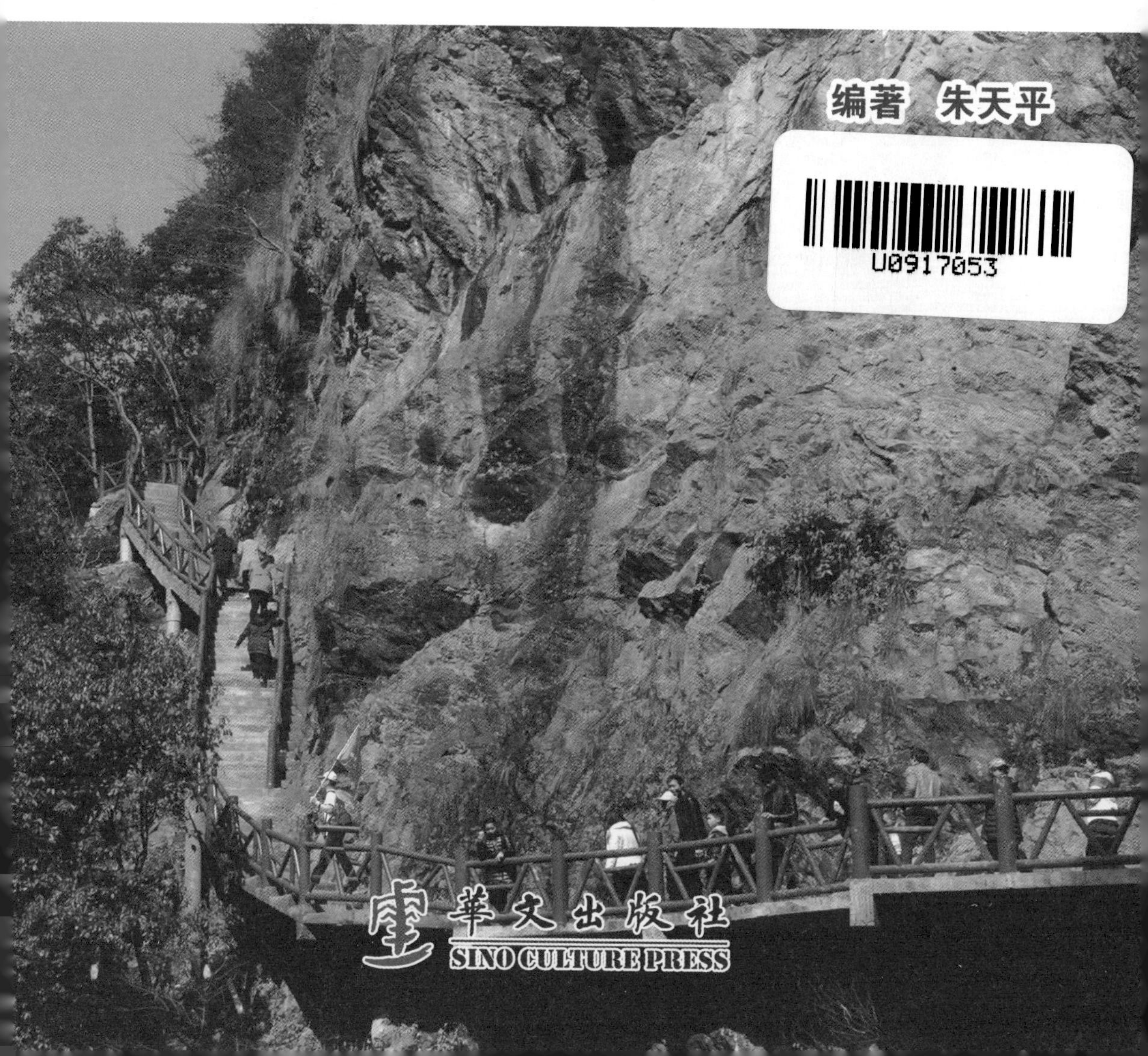

编著 朱天平

華文出版社
SINO CULTURE PRESS

图书在版编目(CIP)数据

赤岸探幽：筑梦义乌国际登山健身步道路书 / 朱天平编著. ——北京：华文出版社，2019.1（2023.6重印）

ISBN 978-7-5075-5054-2

Ⅰ. ①赤… Ⅱ. ①朱… Ⅲ. ①旅游指南－义乌 Ⅳ. ①K928.955.3

中国版本图书馆CIP数据核字(2018)第292769号

赤岸探幽：筑梦义乌国际登山健身步道路书

著　　者：朱天平
责任编辑：宋军占　雷　平
出版发行：华文出版社
社　　址：北京市西城区广外大街305号8区2号楼
邮政编码：100055
网　　址：http://www.hwcbs.cn
电　　话：总 编 室 010-58336239　发 行 部 010-58336202
　　　　　责任编辑 010-58336277
经　　销：新华书店
印　　刷：永清县晔盛亚胶印有限公司
开　　本：787mm × 1092mm 1/16
印　　张：13.75
字　　数：246千
版　　次：2019年5月第1版
印　　次：2023 年 6 月第 2 次印刷
标准书号：ISBN 978-7-5075-5054-2
定　　价：58.00 元

序一

党的十九大提出的迈向新时代的生态文明战略，开启了人与自然和谐共生的强国之梦，乡村振兴战略描绘了中国农村巨变的宏伟蓝图。乡村振兴的目标是农业更强、农民更富、农村更美，让农业成为有奔头的产业，让农民成为有吸引力的职业，让农村成为安居乐业的美丽家园，乡村振兴战略要达到“五位一体”的总要求，即产业兴旺、生态宜居、乡风文明、治理有效、生活富裕，而生态宜居是关键，乡村美丽，中国美丽。

2018年是改革开放四十周年，是贯彻党的十九大精神的开局之年，是决胜全面建成小康社会，实施“十三五”规划，承上启下的关键之年。站在新时代的开端，如何把握新起点，如何把农村建成生态宜居的美丽家园，完成新时代赋予的历史使命，已经是一个摆在我们面前的重要课题。

习近平总书记早在2003年担任浙江省委书记时，就在浙江农村实施了“千村示范，万村整治”的行动；2005年8月在安吉余村视察工作时提出了“绿水青山就是金山银山”的理论，在十九大报告中指出“良好的生态环境是最公平的公共资源，也是广大民众最基本的福祉”；“两山”理论成为全国上下的共识，生态宜居的乡村振兴战略也深入人心，当前全国已开展了农村人居环境三年整治行动。生态宜居一方面要留得住绿水青山，另一方面又要把优美的自然环境、深厚的人文景观、美丽的乡愁文化转化为绿色生态产品，使绿水青山变成金山银山，所以环境就是民生，青山就是美丽，蓝天就是幸福。

具体到我们赤岸镇，“两山”理论和生态宜居战略应该如何来实施呢？方法和途径当然是很多的，但是打造一条绿色出行的乡村旅游线路，也不失为其中一条很好的路子。农村最大的优势资源和财富在于自然环境，在于青山绿水。要生态宜居，一方面要保护好自然环境，保护好绿水青山，另一方面要让老百姓住上好房子，有一个整洁的村容村貌；同时要利用好我们赤岸本地的人文景观，因地制宜，就地取材，打造好绿色出行的好线路，吸引城里人来乡村旅游消费，刺激我们赤岸的经济发展，这样美丽的环境、丰厚的人文景观、古建筑、乡愁文化就变成了生产力和生态产品，赤岸也就有了一条适应自己发展的生态富民的道路。

村有千万种，风情各不同。我们赤岸镇历史悠久，人文荟萃，地理环境优美，自然资源丰富。这里是恐龙的故乡，崇山峻岭，森林茂密；山峦起伏，青翠欲滴。双尖峰是浙江省地理中心点，大寒尖又是义乌的最高峰。赤岸镇有著名的松瀑山瀑布；有建于南宋嘉定六年横跨龙溪的古月桥，它是我国现存最早的肋骨拱石桥；有明朝抗倭名将戚继光义乌兵的练兵场；有长达 500 米长的赤岸古街，它曾经是义南最繁华的商品贸易地。在这片富有灵性的土地上，不但孕育了理学传承人徐侨，金元四大名医之一朱丹溪，大明钦使、民族英雄王祎，义乌外贸先驱冯允奇，儒家学派朱一新，现代文学家、诗人冯雪峰，棉花之父冯泽芳等传奇人物，还有大量的古建筑、古遗址、摩崖石刻题记、近现代重要史迹和纪念性建筑等。可以这样说，赤岸的每一块土地、每一处建筑、每一座村庄都有自己的故事，每一片森林、每一座山峰、每一块峭壁都有自己的性格，每一条街、每一座桥、每一条小路都有自己的年代。翻阅历史，穿越千年，我们该怎样挖掘这些珍贵的遗产和乡愁文化，让它重新焕发出生机与活力呢？朱天平先生编著的《赤岸探幽》是一个很好的探索与尝试。

乡村是中华民族的根，是美丽中国的基石。家乡是一道港湾，是人们精神与情感的记忆和传承。人们对家乡有着深入骨髓的情愫，家乡对游子有着不可动摇的向心力。记住家乡，留住乡愁是责任，也是功德。在我的记忆中，家乡是一座座青山，层峦叠嶂，是一条条河流，清澈见底；家乡是鹅卵石铺就的蜿蜒小路和崎岖山路；家乡是田间的劳作，是暮归的老牛，是天边的一抹斜阳；家乡是袅袅升起的炊烟，是牙牙学语的儿童，是妈妈“快回家吃饭”的深情呼唤。家乡既有“一水护田将绿绕，两山排闼送青来”的自然景观，又有“小桥流水人家”的人文景观，是“乡而不乱，土而不脏，朴而不差，富而不露”的梦中桃花源。莫道天涯远，莫说乡路长，漂泊半生，归来依旧是少年。读罢作者的《赤岸探幽》，它提供给我们的不仅是一条乡村旅游的国际登山健身步道，同时也是留给我们赤岸游子的一份浓浓的乡愁文化。

记得40年前，我和朱天平都刚参加工作不久，我当时由义乌县林业局派驻尚阳公社从事林业指导工作，作者是公社团委书记，我们俩同驻一个大队，同吃又抵榻同眠，用现在最流行的话叫“发小儿”。那种年轻时的欢乐和同事间结下的深厚友谊，每每想起都记忆犹新，记住这份难得的友情和记住一同走在乡间小路上的感觉，何尝不是一份乡愁呢？

作者出生在赤岸镇的小山村莱山，自小受慈母严父勤劳善良的家风熏陶，

《朱子家训》是他家的启蒙教材。1978年从事乡镇工作，深受当地老百姓称道。他热爱赤岸这方土地，也热爱文学。平时喜好旅游、摄影和收藏，在即将退休的年龄，一边工作，一边笔耕，用心收集来自民间的故事、传说和相关的记载，以一文一景的独特形式，滴水成河，汇编成册，创作了《赤岸探幽》。该书透出了作者对赤岸这方水土的解读，感觉他对乡村、自然、社会人生的理解是深刻的；文体是自由的，如行云流水一样平和；就像他的性格，平直、憨厚，亲切、自然；结构别具一格，思路也与众不同，他把赤岸的自然景观、文物古迹、山间古道、美食野菜、野生植被、当地特产都写得有声有色，有滋有味，魂牵梦萦。让我们在徒步健身的同时，感受到了赤岸浓郁的乡愁文化，这何尝不是我们赤岸镇一份宝贵的文化财富呢？

城市让生活更美好，但农村让城市更向往。我们不仅要有生态宜居的美丽家园，更应把我们的美丽家园向世人做好宣传和展示。《徐霞客游记》是一部伟大和不朽的乡愁文化作品，而作者的《赤岸探幽》虽不是宏伟巨著，但也是一部很好的乡愁文化作品。我们拜读着作者的《赤岸探幽》，似乎已经看到了美丽的赤岸，天蓝、地绿、水清，感受到它的山水格局，绿野寻踪，浅街深院，宜居宜游，雅居美庐，悠然自得，江南底蕴，休闲圣地；如此，我们便迫不及待地整理行装，开始绿色出行，回归自然，呼吸新鲜空气，拥抱青山绿水，那时的我们不仅拥有一份愉悦的心情，更有一副健康的身体，何乐而不为呢？

期待作者有更好的作品呈现给世人。

朱恒钱

2018.5.15

注：朱恒钱金华市政协副主席、金华市总工会主席

序二

前段时间，收到了赤岸镇政府老干部朱天平一本散发墨香的文稿——《赤岸探幽》，不禁令人愕然：一位长年累月跋涉在乡间小路的乡镇干部，居然涉足文学、著书立作了。

时序更替，腊尽春回，这是自然界的永恒规律；长江后浪推前浪，世上新人换旧人，则是人事代谢的客观规律。领导干部到了政策规定的年龄，就要从领导岗位上退下来，让位给年富力强的同志，这是按规定办事，也是我们事业继往开来的必然要求。但对退居二线或退休的同志来说，历来有积极应对与消极对待之分。有的感时伤怀，怀旧伤今，感叹岁月易逝，人生短暂，于是消磨时光，蹉跎岁月；而有的却珍惜余年，发挥余热，争分夺秒，力所能及地做一些有意义的事。朱天平正是有着后一种态度，“莫道桑榆晚，为霞尚满天”“只要夕阳好，何怕近黄昏”，始终保持积极乐观的人生态度，自觉做到“老有所为，老有所乐”，做一些自己喜欢做且有利于公益事业的事，撰写出版《赤岸探幽》就是其中之一。

当一位充满人生阅历的智者，经过幼年、青年、中年，最后步入人生晚秋的时候，对人生、对社会应该是想透悟开了，这时他写的东西，自然如赤岸陈年的丹溪酒，甘洌清香，饮之弥醇。

《赤岸探幽》既是对故乡深厚文化底蕴的礼赞，又是对赤岸全城旅游开发的推介。

正如赤岸镇党委书记、镇长在《赤街旧事》的前言中所言：“赤岸……山川之秀，人文之盛，风俗之淳，堪称一流，是一片‘抬脚即历史，触手皆文化’的土地。”不仅是近现代，早在古代就已引以为豪，这在嘉庆《义乌县志》中有载：“往迹所以可垂者，以其境之胜，致之佳，传之久而名之归也。如稠州、东岩、华川、凤林等城舍，犹如（金华）郡之保宁、八咏、北山、白云，不可不识也。”

赤岸是全市（县）唯一能与城区相媲美的地方，旧时为华川县治所在地。同时又是才俊辈出的地方，北宋有著名将领王彦超，南宋则有以博学、刚直、显达而煊赫于世的理学家徐侨，王龙泽为科举时代金华八婺的 4 名状元之一，金元四大医家之一的朱丹溪，创立滋阴学说，在医界具有划时代意义。明代王祎为《元史》总裁官，清代朱一新成为浙江理学的最后绝响，以质直刚正著称的冯雪峰则为当代人交口称赞。

一片地域会诞生一种思想，这是故乡带给作者的营养。当一脉情感被身边的山山水水滋养成一种依赖的时候，表达就成为迟早的事了。对于一直以跑田塍为工作的乡镇干部，突然以文字为表达方式时，将囤积于心的情愫诉诸笔端，便是对家园最好的报答。

赤岸这个地域是有文化的，它的文化来自一大批对文化尊崇之人，包括作者在内，正因如此，让文化很容易找到自己停泊的港湾，这是文化的幸运所在。

一个地方虽然有文化，但不可能所有文化都与“现实需要”挂上钩，正如屈原的《离骚》无法提携楚怀王的施政理念一样。楚怀王可以放逐屈原，却无法销蚀文化的传承，最终帝王将相和他们的亭台楼阁早化为灰烬，而传承下来的文化却千年不朽。这是文化的特殊属性。令人可敬的是，作者与那些志同道合者发现了它的属性，这才将这片地域文化高高举过了头顶，他们把文化与经济予以有机的契合。

作为赤岸全域旅游开发的重要组成部分——义乌赤岸国际登山健身道，原只是一些旅游开发热心者的设想，如今在赤岸党委、政府的不懈努力下，梦想成真。为了更好地招徕游客，有心人作者将国际登山健身道的基本情况、建设理念、作用意义、路途标识予以系统翔实介绍；同时对沿途各节点的历史文化、民间传说给予挖掘，从而使游客不仅能领略沿途风光，还能倾听人文故事。

“一梦知千秋，半醒醉凡尘。”在社会上，每个人都有梦，它常常寄托着我们的愿望与理想。《赤岸探幽》的出版发行，应该说是圆了他的梦，了却了朱天平的心愿，这是值得祝贺的。

吴潮海

注：吴潮海义乌市委市政府决策咨询委员会委员、义乌市志（丛书、年鉴）编辑部主编

前言

乡村振兴，让农业成为有奔头的产业，让农民成为有吸引力的职业，让农村成为安居乐业的美丽家园。我们有信心把我们乡村的旅游事业推向一个新的高度。我们寻找乡村振兴好榜样，登山旅游为乡村振兴，赤岸在行动。

穿越千年，探寻古道，讲百姓身边事，看山里大世界。义乌国际登山健身步道建成以来，吸引了成千上万的户外爱好者。因步道在群山之中，把步道作为登山健身的场所，并开展各类户外活动；外地的考察团和户外组织也纷纷慕名而来，或考察、或体验，形成了旅游新经济。随着“一带一路”倡议的推进，也为来义乌的外国客商提供休了闲健身场所。

如何编写呢？既然是“指南”性质的书，就要简明扼要，一目了然，形成了该书面、点、线三位一体的框架。让户外爱好者拿着这本书就可以自助登山健身，还可作为开展户外活动的指南，了解沿线即将被遗忘的故事和挖掘天然独特景观，在全面介绍国际登山健身步道的同时，着重介绍各节点的情况，并设计推荐线路供参考。

关于面。总体介绍国际登山健身步道系统基本情况、建设理念、作用意义、路标路识系统说明、登山健身注意事项等。

关于点。节点的介绍是该书的重点，通过各节点的介绍，反映节点的基本情况，包括 GPS 数据、历史文化、民间典故和传说、水电设施、周边路况等，让大家在登山健身的同时能对赤岸的历史文化有一定程度的了解。

关于线。根据线路距离和强度，综合沿线风光和资源，设计出不同强度，不同距离，适合半天、一天以及两天以上徒步的推荐线路，为户外爱好者徒步及单位团体开展活动提供参考。

本着客观负责的精神，《赤岸探幽》所有数据都是实地勘察并参考历史记载综合而得，尽力做到客观、精确、详尽。

一本路书在手，户外活动无忧。希望该书能成为广大户外爱好者和单位团体开展户外活动的好帮手。

楔子

赤岸因溪而名，因街而兴。赤岸镇位于浙中山系，属仙霞岭余脉，自江山、衢州方向而来的仙霞岭余脉，与八素山脉的八素支脉相交。赤岸素有崇山峻岭，森林茂密，又是恐龙的故乡。赤岸自古为兵家必争之地，明太祖朱元璋称这里为“浙江之心”，双尖山峰就是浙江省地理中心，其中大寒尖海拔 925.6 米，为义乌最高山峰，都在赤岸范围内。赤岸有 6000 年以上的农耕文化，在上谷村曾出土一把新石器时代的石斧。而赤岸有记载的历史则有 2200 多年，在秦代，这里被称为“蒲墟”。传说东汉末年，吴大帝孙权之母吴夫人和著名的二乔都曾在此居住。吴国传至末帝孙皓，因叔父孙霸曾与其父孙有仇隙，将孙霸的儿子孙基、孙壹和母亲谢姬都谪居于此，故而此地有吴国皇家庄园之称。晋代名臣朱汎于永嘉南渡后携全族定居于蒲墟，到了其孙朱幼这一代，将女儿嫁给名门王氏，两家迎送的车辆均饰以红色，映得两岸皆赤，从此蒲墟又被称为赤岸，也称丹溪。唐武德六年（623 年），析乌伤县设华川县，县治即设在赤岸。

2017年2月，石城村与南青口村交界处，世界500强企业吉利汽车集团施工现场挖出整窝恐龙蛋化石，经省博物馆专家鉴定，赤岸一带曾是恐龙的故乡。

赤岸镇历史悠久，名人辈出，有北宋初年的著名将领，官至右金吾卫上将军，封邠国公的王彦超，传承理学的徐侨，宋朝状元王龙泽，金元四大医家之一朱丹溪，元末明初知名学者和诗人金涓，大明钦使、民族英雄王祎，义乌外贸先驱冯允奇，儒家学派朱一新，现代文学家、诗人冯雪峰，“棉花之父”冯泽芳等。“叱石成羊”的黄大仙出生在山口皇门殿。赤岸被誉为道教的发祥地。“松瀑泉石”南宋摩崖石刻，历史悠久，文化底蕴深厚，为赤岸这座古老而文明的古镇留下了许多历史文化积淀。经过历届政府的努力，赤岸被评为全国环境优美乡镇、浙江省历史名镇、浙江省旅游强镇、绿色动力小镇等。

义乌国际登山健身步道，连接赤岸镇域范围内4个工作片，33个行政村，佛堂镇4个行政村，镇域面积149.5平方千米，山林面积100平方千米。距义乌市中心18千米，与通往东阳、永康、武义、金东古道以及村民上山做农活的道路相连接。主线全长68千米，加上支线，总长度超过160千米，其中5千米为山地自行车道。沿线设立了休息站、露营区、垃圾处理系统等辅助设施，步道的修筑以保持山间古道路径原始现状为基础，大部分路段稍加清理、修整即可。根据沿途的自然风景和植被，建成具有健身功能的落叶步道、古驿道、砂石步道、天然栈道、砾石道等，是立体乡村文化的体现。

义乌国际登山健身步道具有亲近自然，生态健身的特点，在观念理念上下功夫，以“国际水准、国内一流”的标准定位国际登山健身步道建设。义乌国际登山健身步道是国内首个符合国际标准的登山健身步道，路标路识以中文、英文、阿拉伯文、韩文等四种文字标注，且是首次把传统的户外运动同旅游与全民健身有机结合在一起。在登山健身步道建设中，与环境保护、安全保障标志相统一。例如，拥有国内首个完善的户外安全救援体系，还在国内采用最先进的“太阳能救援杆”等先进设备，统一完善的路标、安全警示标志系统都是国际一流设备。本着“绿水青山，就是金山银山”的生态永恒理念，精心呵护好两边森林的完美。

古道逶迤蜿蜒，串起古老村落与绿水青山，流转曾经的传奇故事和民风遗俗。赤岸的山间至今留存着数十条古道，正在召换着大家背上背包，走向山野，回归自然。

每一座山都有自己的故事，每一座山峰都有自己的性格，每一条山路都有自己的年代，跨越历史，寻找乡愁，等待着我们去发现，等待着我们去讲述，等待着我们去征服……

赤岸推出义乌国际登山健身步道，徒步百座山峰，是与大自然一次亲密的接触，征服千米山峰，穿越百条山谷，寻找世外桃源山村美景，回忆童年的乡愁。尽情饱览迭山雄奇、峻峭、绮丽、壮观的自然美景，是热爱户外活动者值得体验的徒步线路。

别有风情忘不得

夕阳红树照乌伤

郁达夫

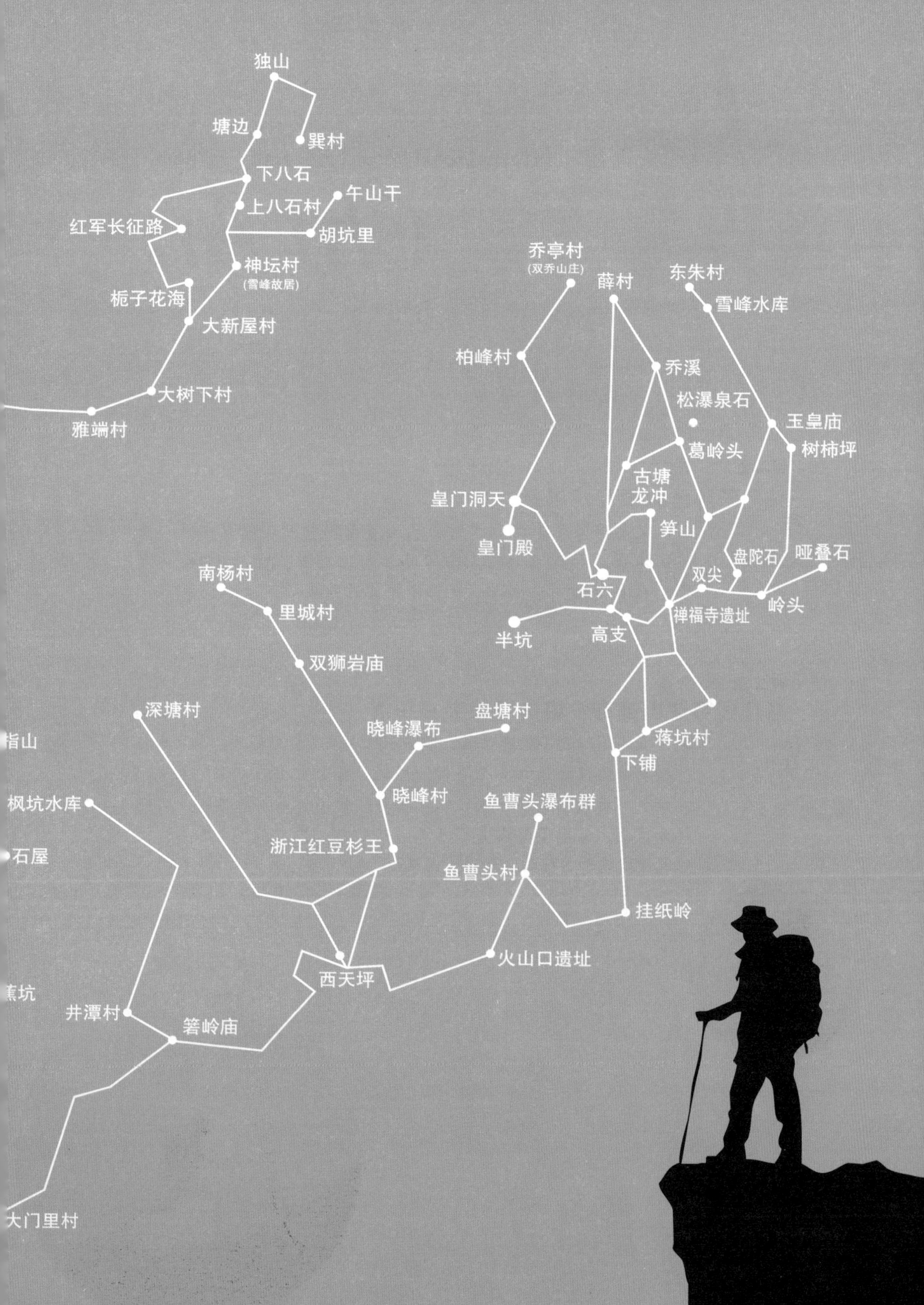
独山
塘边
巽村
下八石
午山干
上八石村
红军长征路
胡坑里
神坛村
(雪峰故居)
栀子花海
大新屋村
大树下村
雅端村
乔亭村
(双乔山庄)
薛村
东朱村
雪峰水库
柏峰村
乔溪
松瀑泉石
玉皇庙
葛岭头
树柿坪
古塘
龙冲
皇门洞天
笋山
皇门殿
盘陀石
哑叠石
双尖
石六
岭头
禅福寺遗址
半坑
高支
南杨村
里城村
双狮岩庙
深塘村
盘塘村
晓峰瀑布
指山
蒋坑村
下铺
晓峰村
鱼曹头瀑布群
枫坑水库
石屋
浙江红豆杉王
鱼曹头村
挂纸岭
火山口遗址
西天坪
蕉坑
井潭村
箬岭庙
大门里村

International Mountaineering Fitness Trail

Chi An

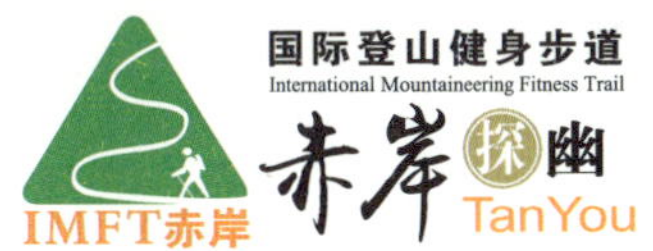

第一章

义乌国际登山健身步道

是什么

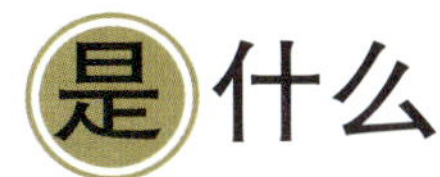

义乌国际登山健身步道是义乌首条国际登山健身步道，是国家体育总局认可的“义乌国际登山健身步道示范工程”，全长 160 多千米，被称为“百里休闲健身步道”。

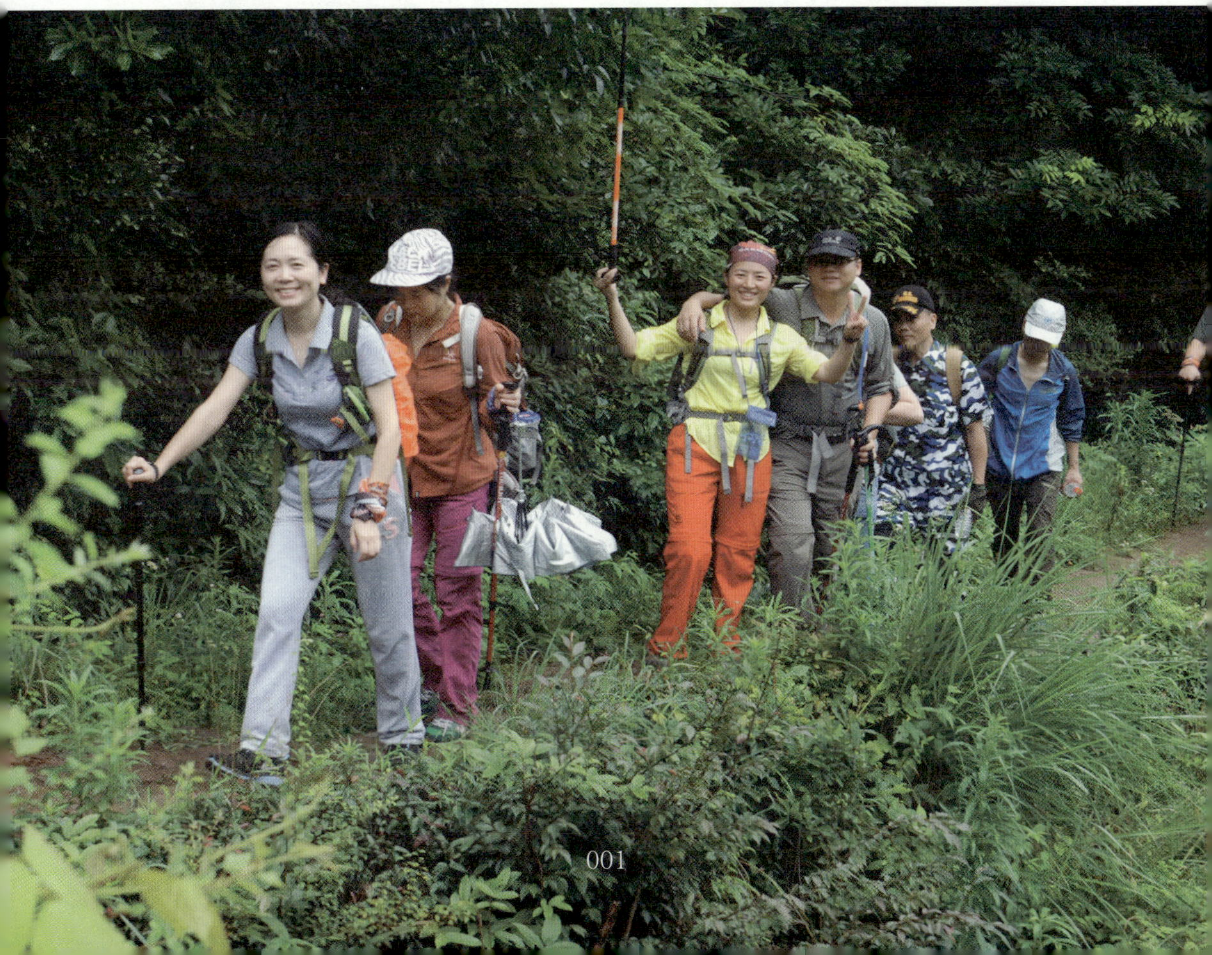

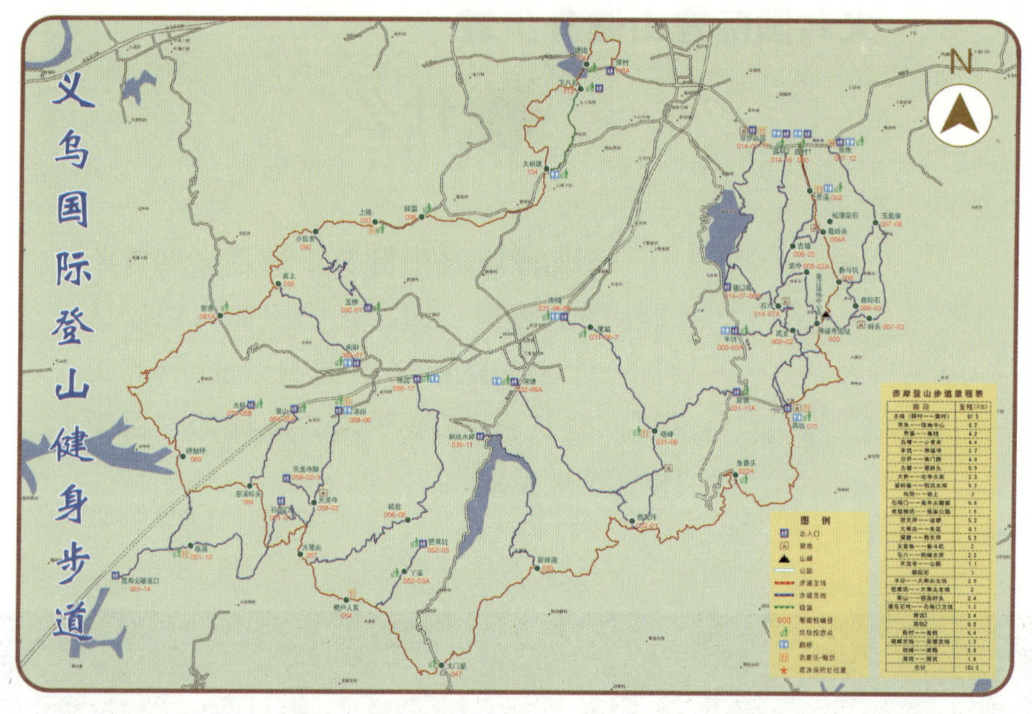

赤岸地处东经 120°01′，北纬 29°06′，与东阳、永康、武义、金东区相邻。双尖峰是浙江省陆地中心点，被称为“浙江之心”。大寒尖海拔 926 米，为义乌最高山峰。地形地貌结构属中低山丘陵区。土地总面积 149.98 平方千米，占全市总面积的 1/7。辖 66 个行政村，1 个居委会，总人口近 4 万，土地结构格局概称为：“六山半水三分田，半分交通村落点”。

赤岸镇地处义乌市西南部，是一个人杰地灵、山清水秀，具有 2000 多年悠久文化历史的文化古镇，是全国环境优美乡镇、全国千强镇、浙江省生态镇、浙江省教育强镇、浙江省历史文化名镇、浙江省卫生镇、浙江省文明村镇、浙江省旅游强镇、浙江省体育强镇，绿色动力小镇。

山地户外活动蓬勃发展，带动了全镇乡村旅游产业发展，但也难免会引发一些意外事件。为全面贯彻国家体育总局“大力推广全民健身”“积极推广山地户外运动在中国的开展”精神，有效防止意外事件的发生，国家体育总局、中国登山协会和义乌市体育局、赤岸镇人民政府共同协商，在赤岸镇建设国际登山健身步道，这是国际登山健身步道建设初衷。

义乌国际登山健身步道一期 50 千米于 2014 年年底竣工，并于 2015 年 5

月与 UV 登山户外俱乐部成功举办首届国际登山节。二期 100 千米于 2016 年 10 月完工，在义乌首创路标路识系统，建成了遍布赤岸镇，总里程达到 160 多千米的“百里休闲健身步道”，是“一带一路”上的一颗明珠。

义乌国际登山健身步道的设计与施工遵循了再生利用自然资源的原则，以保持山间天然路径原始现状为基础，根据沿途的自然风景和植被，采用原生态的施工方法，对路面进行适当清理和修整，建成具有健身功能的沙土步道、栈道、古道、原始山路等。部分路段借用防火带，根据林间道路、机耕路和公路，把自然资源开发真正融入生态环境的理念之中。

义乌国际登山健身步道系统设计了休息站、露营区、接待点、报警点、垃圾处理系统等辅助设施。在建设过程中，借鉴了宁海国家登山健身步道的做法。拥有金华地区首个完善的户外安全救援体系，在浙中地区第一次采用“太阳能救援杆”等先进设备，是国内第一条标有英文、阿拉伯文、韩文指路牌的登山道，这是独家创新之举。统一完善的路标、安全警示标志系统也是国内首次采用。还首次把传统的户外运动同旅游与全民健身有机结合在一起，建立完善的安全保障体系、环境保护体系和标识系统，打造出一个自然的、安全的、环保的国际登山健身步道系统，成为中国第一条符合

毛店茶山

松瀑山跌水岩

国际标准的登山健身步道。该系统建成后，作为示范项目被旅行社向外推广。

义乌国际登山健身步道像一条美丽的“珍珠项链”，把沿线散落各处的景区、文化遗迹、村落、户外活动场所、农家乐等有机地串联起来。它能展现户外旅游中“自然”“健身”“休闲”的文化理念，使得新颖、安全、环保的户外运动理念深入人心，能有效普及和推广山地户外运动，它是义乌国际登山健身步道系统的样板之路，目前已有省内外考察团、户外俱乐部待共 20 万人次来赤岸徒步体验义乌国际登山健身步道，感受赤岸户外天堂的魅力。它是规范的百姓登山健身路径，能引导人们在科学、安全、环保的前提下参与户外运动，吸引成千上万的市民登山健身，是促进全民健身之路，它是赤岸的“户外健身房”；它为开展山地户外比赛和活动提供了很好的场所，是户外比赛和活动之路；它带动了农家乐和农业产业基地的发展，是农业增效、农民增收的富民之路；它带动了体育旅游业的发展，形成以户外运动为主题的活动、生产、展览展示、销售、物流等完整的步道经济产业链，是赤岸镇建设“大森林大景区”、打造“国际休闲健身旅游先行区”、加快休闲旅游产业发展的强镇之路。

一、义乌国际登山健身步道路标路识系统

路标路识系统由**出入口标志，营地、农家乐标识和路标**组成。

出入口标志是指步道出入口处印刻有国际登山健身步道字样及标识的三脚柱架或岩石。立于步道主要出入口处，由步道总图、安全须知、环保须知等内容组成。立于支线出入口处，标示此节点的步道局部地图。立于步道外公路边，内容简单，提示某段步道由此出入。

义乌国际登山健身步道路标路识系统

营地（农家乐）标识分为立式柱架和挂牌两种，标识内容有所处营地（农家乐）相关信息、步道地图、安全环保须知等。

路标由地标和立标组成。

地标有两种：一种是花岗石材料，嵌入地面；另一种是铝材料，粘贴在地上或公路防护栏上。两种地标上面都刻有国际登山健身步道 Logo 及箭头，表示步道的方向。

立标的主体是一根圆柱钢管，标注所在位置节点的步道路信息，具体说明如下：

钢管立面写有“义乌赤岸登山步道”或“垃圾不落地，步道更美丽”“森林防火，人人有责”等宣传、警示标语，字样上方是国际登山健身步道 Logo。钢管顶部大多是方向指示标志，部分是闪烁灯，便于夜晚或雾天辨别方向。方向指示标志有编号、海拔、附近节点名称及里程等内容。

编号有主线和支线之分。主线的起点均以 000 起标，如双尖是“主线 008”，石六是“支线 YWCA014—07”，每过 500 米编号数值递增一位。支线编号以当前路段主线和支线节点标号加“-XX”标注，500米区段内有分岔路，再以字母ABC标注。举例说明：如石六YWCA014—07的立柱路标，立柱上面是义乌赤岸登山步道Logo及字样。柱顶上方标注信息说明当前位置是皇门殿，海拔高度135米，指方向的地名和箭头分别说明方向指示及里程；柱顶下方“014—07”，说明此处是主线节点所分支线第七个标点区域。从立标上数标可以计算出此地距离起点或其他一个点的大致路程。如“014—07”，表明此地距离主线014节点石六7千米，距离主线09节点禅福寺大约为3.5千米。

步道上设有太阳能救援杆以及山地户外救援及路标路识系统中的安全须知、安全警示标语形成安全救援体系。

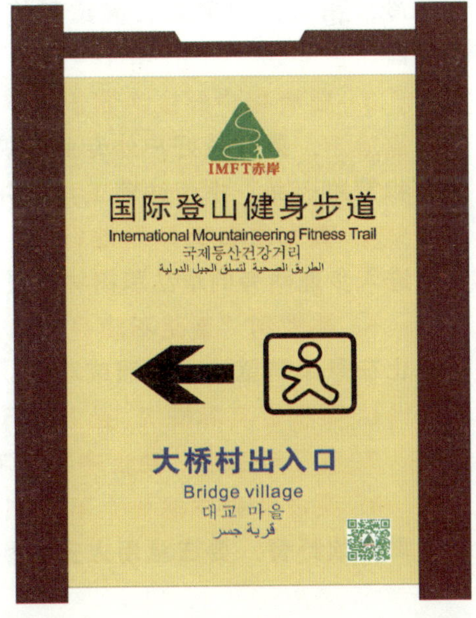

二、登山健身“十要十不要”

1. 要有专业人员带路，不要盲目上山。国际登山健身步道虽有路标路识，比较直观，但徒步穿越时有很多不确定因素，要有专业领队带领。

2. 要事先关注气象预报，不要在恶劣天气上山。恶劣天气有台风、雷电、高温、寒冷、雨雪、中度以上雾霾天等。洪水易发期严禁途经涉水路段。

3. 要增强户外生活意识，不要把登山健身等同于一般的景点旅游。要穿戴好户外专业衣裤和鞋子，带好必备的生活用品和常用药品，携带通信工具，并注意节电，以备应急联络。

4. 要有准备有计划地行走，不要随意更改线路。不要随意进入步道两旁的草丛和树林以及不确定的山路，以保证安全。

5. 要做到“走路不观景，观景不走路”，不要边走边看。禁止在悬崖峭壁边上拍照或观景，不要随意攀爬岩石或树木。

6. 要根据实际情况，量力而行，不要逞强好胜，一意孤行。

7. 要注意卫生，防止中毒，不要乱采野果、滥用溪水。

8. 要注意森林防火，不要在山上吸烟、随意野炊用火。如需野炊野餐，要注意用火安全和饮水、饮食卫生。野炊时要注意风向，不要随便丢弃火种，应把余火熄灭，以免引起火灾。

9. 要注意环保，不要乱扔垃圾、攀折花木、伤害野生动物。登山健身时需做到：带走照片，留下脚印，带走疲惫，留下汗水，做一个环保卫士和环保宣传员。

10. 发生意外要及时报警，不要执迷不悟。发生迷路、受伤、中暑、中毒、失温及其他意外事件时，要及时报警或联系赤岸镇旅游办、赤岸镇消防队救援。

是人间尘外境，何须入，峭壁森，
佳水澈底清，来坐禅，
石危多隐者，春来砌岸锄荒径。

第二章

义乌国际登山健身步道

由哪些节点组成

义乌国际登山健身步道，每隔 500 米设立一个路标，即节点。有些复杂路段还设立多个路标，形成了整个步道的上千个节点。本章节有选择、有重点地介绍义乌国际登山健身步道主道、支线部分节点，从中了解这些节点地名的由来、历史文化、风土人情以及周边风景、吃住、交通等情况。

一、双尖山路段节点

1. 薛村（主线001）

薛村，因建村祖先姓薛，故名薛村。薛村村落就在双尖峰山脚下。有七个自然村分布在双尖半山腰，分别为古塘、龙冲、畚斗坑、石六、笋山、乌面、高支（池），总称薛村高山组。

2. 石六自然村（支线 014-07-04）

石六自然村，村旁有一丘田为一石六斗故名石六（1.6 亩）。石六有 5 户，16 人。全村都是从东阳市三单镇夹溪村迁入。张华荣迁往薛村；张本恒招女婿到石城村；张荣福 7 人，迁往到赤岸；张本良招女婿到后山村；张金荣 1 人。

古塘自然村，张移法 1 户，6 人，迁往薛村。

乌面自然村，1 户，7 人。张金潭 2 女 3 子，迁往薛村。

龙冲自然村，1 户，10 人。张小奶 5 女 3 子，迁往薛村。

畚斗坑自然村，6 户，29 人。张同丁 1 女 3 子，迁往薛村；张同富 2 女 2 子，迁往薛村；张移德 3 女 1 子，迁往薛村；张移昌 1 人，迁往薛村；张同福招女婿到乔亭；张移良应为“入赘”到乔亭。

石臼

3. 笋山自然村（主线 004）

笋山自然村，2 户，8 人。施世丁夫妇 2 人；施祖松 2 女 2 子，迁往薛村。因东面上双尖峰必经之路，有大片山竹林，故名笋山。

4. 龙冲自然村（支线 008-02A）

龙冲自然村，隶属于薛村管辖，2001 年下乡迁移薛村。龙冲 3 间泥房，坐东朝西，房屋北面有一棵 200 年以上的黄檀树，离村庄 200 米处有断山庙，庙内有对联：心诚即灵诸佛保一方安康，有仙即名香客何必舍近取远。猎户凡打到野兽，都要拿野兽头与脚供佛祀拜，祈求下次能再打到野兽，并平安无事。

5. 尖龙山自然村（支线 008-20A）

尖龙山小学，1971 年在石六临时上课 1 年，任课老师是下放薛村的知识青年王忠明，1972 年搬迁新教室，教室 2 间，老师宿舍 1 间，第二任老师杨巧莲。2 年招生一次，分一、三、五年级，学生有 20 多人，于 1985 年停办。

尖龙山学校旧址

6. 高支自然村（高池）（主线 009-02）

高支自然村在双尖山峰的半山腰，因村内有一小塘而得名高池。村中有 6 户人家，24 人。金姓从永康市金坑村迁入，金樟木 2 人、金贤松 4 人，目前已迁往赤岸三村；陈姓 6 户，陈樟和 6 人，目前已迁往田心村；陈樟奎 5 人，儿子下乡脱贫迁往赤岸园区；陈奎法 6 人、陈奎龙 1 人迁往薛村；陈氏从东阳市岭口村迁入。

目前还有一对老夫妻坚守在那里，其子女们都走出大山了。自然村落古朴，自耕自生，有老旧房子数间。山水风光旖旎，险、奇、幽融为一体，高支是登双尖的大本营，在这可以补充能量，继续爬山。该线路具有独特的旅游资源。村庄后面有两棵百年以上的柿树，一到秋天，绝对是一道风景，大家不能错过。高支的土蜂蜜绝对纯正。

7. 古塘自然村（支线 008-05）

古塘自然村，石在林间藏，岩在林中长。矗立的石林与茂盛的树木毛竹交相辉映。千亩竹海，山峦起伏，气候湿润，自然条件十分优越，动植物资源极为丰富。一山是二季，五里两重天。保护区的风景自然优美，环境幽静，春天挖笋，秋天摘藤梨（猕猴桃），别有一番风味。

8. 乔溪村（乔岳坑）（主线 002）

乔溪村地处赤岸镇东南部，由稠岭线薛村村口进入乔溪村（海拔 1000 米），该村十八派朱氏迁入居住。乔溪村，原名叫乔岳坑，有 800 年摩崖石刻“松瀑泉石”，松瀑山瀑布，水自双峰而下，经葛岭头跌水岩，形成瀑布，凌空百余米的泉水冲岩击石，卷浪飞珠，折而潜入乔峡，乔峡峭壁耸天，两壁相隔盈，峡底被三块巨石分成三段，每一石旁长一树，树长于石缝，成天然盆景，幽然世间少有。著名书法家金鉴才题写“浙中峡谷”，一注清泉疑是

凭空穿峡而来，啸风鸣雷，穿潭而下，形成天然音乐厅。瀑布的轰鸣声回荡在整个乔峡，“律中黄钟”摩崖石刻是天然音乐大厅的寓意。自宋朝以来，这里就是一处游览佳境。景区内还有苍松迎客、鹰嘴岩、古松化石等景点。相传宋代十八派朱应之留下的摩崖石刻“金布机”刻有诗文一篇，记述命名松瀑山记。近年又新建悬空栈道长 81 米，上下高差 51 米，堪称义乌第一栈道。

另有“松瀑山”名号石刻 101 字，分 7 行阴刻在“金布机”岩石上，字径约 12 厘米 X 12 厘米，字面有局部损坏，落款为“时嘉定丁丑十月一日戊戌里人朱公望应子撰并书”。

松瀑泉石摩崖石刻

9. 松瀑泉石摩崖石刻（支线 002）

松瀑山位于称为浙江轴心的赤岸东朱乔岳双峰山的北面。自宋朝以来，这里就是一处游览佳境。景区内有凌空百余米的瀑布，有“松瀑泉石”等宋人石刻，还有苍松迎客、鹰嘴岩、古庙、古松化石等景点。

乔岳石刻赋

华川儿女，会聚乔岳；
耕读文化，源远流长。
炎黄子孙，道合阴阳；
天道酬勤，谦和益彰。
松瀑泉石，饱经沧桑；
乔岳之印，如意吉祥。
松风瀑帘，灿烂乐章；
松瀑栈道，悬崖壁上。
双峰高耸，直入云天；
瞰俯山川，雄视八府。
不忘初心，砥砺前行
乡村之梦，民主富强；
一带一路，和平繁荣。
以人为本，筑梦小康；
仁爱诚信，美德显彰。
保护生态，秀美乡村；
为天地立心，正气浩荡。
为民立命，宠辱皆忘。
为万世开福祉，和谐无疆。

摩崖石刻

石刻乔岳

石刻

10. 松瀑山瀑布石刻（主线 002）

朱守道，1955 年出生，男，汉族，福建泉州人，现居北京。1982 年春毕业于厦门大学中文系。先后在国家教育部、中共中央宣传部工作，现任全国人大常委会华侨委员会正司长级干部，第四、五届中国书法家协会理事，中国书协国际交流委员会委员，中央文史研究馆书画院研究员，中国国际书画艺术研究会副会长，中韩书法家联谊会副会长，中国大众文学学会理事，中华书画名家研究院顾问，北京世纪名人国际书画院副院长，《名人名家书画报》总编辑等职。2008 年 9 月，其书法作品搭载“神舟七号”载人航天飞船经历太空飞行后返回，作品原件为国家收藏。

书法作品来源：东朱村村长朱峻峰前往北京，请同乡朱作霖书写，朱老以身体原因，不肯下笔，由朱老特委托朱守道免费题写。于 2013 年 2 月题书于北京。2013 年 11 月由佛堂镇稽亭村丁大公篆刻。

跌水岩瀑布

11. 浙中峡谷石刻（主线002）

金鉴才，著名书法家，义乌市大陈镇红峰人，毕业于浙江美术学院中国画系。曾任西泠印社副秘书长兼国画研究室主任，省文史研究馆馆员，省文物鉴定委员会委员，杭州吴山书画院院长。现为西泠印社出版社总编辑，中国书法家协会会员、中国书法家协会学术委员会委员，浙江省书法家协会副主席，浙江省中国花鸟画家协会副会长兼秘书长，中国美术学院特聘教授。擅长工行书及篆刻，作品多次参加国内外重大书展。编著有《梅》《竹》《兰》《菊》技法画谱和《金鉴才作品集》等。浙中峡谷石刻于2014年2月题书于杭州，2014年11月由佛堂镇稽亭村丁大公篆刻。

石刻

12. 松瀑山瀑布（主线 002）

松瀑山悬空栈道长 81 米，上下落差各 51 米，称义乌第一栈道。

丹溪吟

宋·徐侨

丹溪群山俱有情，颙昂环列如逢迎。
东出双秀高冲天，惟见两峰当我前。

13. 双尖峰（浙江省陆地中心点）（主线 007）

乔岳群山的主峰即赤岸乔岳双尖山，双尖峰为浙江省陆地中心点。《义乌县志》记载：“双峰在县南四十里，二峰并拔天表，又称笔架峰，旁有奇石，高丈许，有棋坪，相传这里是仙人弈棋处。”风景优美，既适合旅友、户外爱好者徒步穿越，也是一代代的山民担盐、担山货、砍柴、摘茶叶走出来的一条经商古道。只要是走过的人，很难不爱上户外运动，是旅友首选线路。

双尖山顶的立柱，位于浙江省陆地中心点

鲍贤伦，男，著名书法家，浙江鄞县人，1955 年 1 月生于上海，研究生学历，中共党员。读中学时自学书法绘画，1974 年师从徐伯清为入室弟子，临习褚遂良楷书、孙过庭草书及徐氏小楷，在贵州大学读书时得姜澄清指导，涉猎书史、书论，1980 年又得陈恒安指教，于汉碑、魏碑、汉简临学尤勤。书作多以汉碑略参简书笔意出之，笔势灵动，浑穆而润雅，偶作草书亦于“二王”法外略参简书意趣。

14. 葛岭头（主线 004A）

从百步峻或跌水岩栈道直上岭头，便是葛岭头。向东有鹰嘴岩，往南直达双尖，向西有古塘、龙冲自然村。领头顶原有一古庙岭头殿，抗日战争时期被日军焚毁，据说在山顶能看到旧浙赣线义亭老火车站。传说中葛岭头最盛时期有十八个铁店、十八个布店。1990 年初春，薛村村民张以德造房挖掘泥土时，挖出一陶泥罐，里面装的全是白洋（大头银圆），不知其数，发了大财。

15. 纺车岭古道（支线 003）

通往永康古道，全长 2500 米，有相当一部分保留着溪卵石台阶，20 世纪五六十年代耕种过的梯田依稀可见，但如今梯田上都已生长着参天大树了。分水岭南面通向双尖峰，北可通龙冲，西面通禅福寺遗址。

16. 禅福寺遗址（主线 009）

禅福寺遗址

禅福寺始建于公元 550 年前后，三间房，有僧舍用房和井。傅大士（497—569），姓傅名翕，字玄风，号善慧，被尊为中国维摩禅祖师。传说傅大士卖妻，设大法会来供养诸佛大众。同乡傅重昌、傅僧举的母亲，出钱五万，买了大士的妻子。傅大士卖妻筹到款，开救灾大会，办供养，赈济穷苦人。过了个把月，那位同乡的傅母，又把他的妻子刘妙光送了回来。

傅大士卖妻不成，就将妻子刘妙光送到双尖峰峦的乌面度过后半生。“大士井”就是当年傅大士挖掘的泉井，有个传说，傅大士用担柱一捣，泉水就哗哗渗出，终年不涸。

刘妙光隐居在深山中，过着清贫的生活，过世后，傅大士的徒弟们在刘妙光旧居修建了禅福寺，弘扬佛法。义乌道情《火烧双林寺》讲述了禅福寺的和尚奔向双林寺救火的动人故事。传说双林寺着火，火光冲天，禅福寺和尚们从纺车岭三步并两步冲下山，赶往双林寺救火。禅福寺一代一代传承到 20 世纪 30 年代末，被日军焚毁，从此断了香火，但遗址仍清晰可见。

山口奇石

17. 皇门殿旧址（支线 014-07-06A）

一条乾溪，一条丹溪，双溪汇合后成皇溪，人们在双溪汇合处建了皇门殿。“此地看流水高山，历沧海桑田，幻叱石成羊，望鸡犬同升真仙境；那厢寻斜阳晓月，过短篱残菊，羡斯人得道，悟田庐有别竟是天。”原山口村上游的“皇门殿”的一副对联，讲的是古代皇初平得道成仙的故事。

皇门殿大桥

皇初平，今称“黄大仙”。根据葛洪《神仙传》的记载：“皇初平者，但豁人也。”所以赤岸镇丹溪就是他的出生地。以前在赤岸镇原山口村南，建有供奉皇初起、皇初平皇门二兄弟的“皇门殿”。1965 年因兴修柏峰水库，村庄外迁，“皇门殿”被拆毁，遗址沉于碧波之下。

皇初平成仙于金华，享誉于港澳。而其故乡赤岸丹溪仙迹仍然依稀可寻。皇大仙殿遗址一派青山绿水，不愧是皇溪仙境。但见红岩隐约藏狮象，山石嶙峋拥仙姿。峡谷之中自然清幽，斜阳晓月宛如世外。往昔洞府虽埋荒草，湖中景物更胜一筹。正所谓沧海桑田，别有一番感慨。

18. 皇门洞天（支线 014-07-06A）

柏峰仙迹山势雄伟，万石成河，千松劲秀，奇石满布，幽谷清泉，庙宇依山而建，绿树成荫，流水瀑涧，一派绿水青山、生机勃勃的景象。景区既有奇石之雄伟，又有湖光之

美色。游人到此一睹“叱石成羊”“天然石室”“白羊精”“黄大仙殿”“狮子摇铃”“和尚抓蛇”等名胜景点。有一巨大岩石，一分为二裂开，有传说孙悟空就是从这个缝里蹦出来的。闻山谷泉水声声、小鸟啼鸣、松涛啸啸，使人心旷神怡，乐而忘返。

石蛙上山

皇初平記

皇初平者丹溪人也年十五家使牧羊有道士見其良謹使將至金
華山石室中四十餘年不復念家其兄初起行山尋索初平歷年不得後
見市中有一道士初起召問之曰吾有弟名初平因令牧羊失之四十餘
年莫知生死所在願道君為占之道士曰金華山中有一牧羊兒姓皇字
初平是卿弟非疑初起聞之即隨道士去求弟遂得相見悲喜語畢問初
平羊何在曰羊近在山東可初起往視之不見但見白石而還謂初平曰
山東無羊也初平曰羊在耳兄但自不見之初平與初起俱往看之初平
乃叱曰羊起於是白石皆變為羊數萬頭初起曰弟獨得僊道如此吾可
學乎初平曰唯好道便可得之耳初起便棄妻子留住就初平學共服松
脂伏苓至五百歲能坐在立亡行於日中無影而有童子之色後乃俱還
鄉里親族死終略盡乃複還去初平改字為赤松子初起改字為魯班其
後服此藥得僊者數十人焉 晉葛洪神僊傳

丁大公書并刻

《神仙传》

皇初平者，但谿人也。年十五而使牧羊，有道士见其良谨，使将至金华山石室中，四十余年，忽然，不复念家。其兄初起，入山索初平，历年不能得见。后在市中，有道士善卜，乃问之曰："吾有弟名初平，因令牧羊失之，今四十余年，不知生死所在，愿道君为占之。"道士曰："金华山中有一牧羊儿，姓皇名初平，是卿弟非耶？"初起闻之，惊喜，即随道士去寻求，果得相见，兄弟悲喜。因问弟曰："羊皆何在？"初平曰："羊近在山东。"初起往视，了不见羊，但见白石无数，还谓初平曰："山东无羊也。"初平曰："羊在耳，但兄自不见之。"初平便乃俱往看之。乃叱曰："羊起！"于是白石皆变为羊，数万头。初起曰："弟独得神通如此，吾可学否？"初平曰："唯好道，便得耳。"初起便弃妻子，留就初平。共服松脂茯苓，至五千日，能坐在立亡，行于日中无影，而有童子之色。后乃俱还乡里，诸亲死亡略尽，乃复还去，临去以方授南伯逢，易姓为赤初平，改字为赤松子。初起改字为鲁班。其后传服此药而得仙者，数十人焉。

晋 · 葛洪

黄初平牧羊图

19. 黄大仙碑记（支线 014-07-08A）

黄大仙，丹溪人。原名皇初平，号赤松子。相传他年幼时牧羊得仙人点化，修炼四十余载，终得正果。黄大仙济弱扶贫，惩恶扬善，是一个流传千百年的民间神话故事。“叱石成羊”就来自中国民间的成语典故，也是黄大仙信仰的经典。此后黄大仙信仰广为传播，明末传播到广东地区，清末传播到港澳、台湾和东南亚及世界各地，成为中华民族根脉之一，丹溪是中国道教发祥地之一。“黄大仙传说”是国家级非物质文化遗产。

叱石成羊：一声呼喊，居然使石头变成了羊。比喻神奇的事情。

传说皇初平 15 岁那年去山上放羊，遇到一位道士，道士把他领到金华山的石屋里传授其一些神奇的本事，一晃就是 40 年，他的哥哥皇初起找到他，问他放的羊哪里去了，皇初平说在东山，兄长一看全是石头，皇初平施法，顿时满山的岩石就变成数万只羊。

20. 皇门亭石碑记（支线 014-07-08A）

《神仙传》载："皇初平者，丹溪人也。"丹溪者，源于乔岳之西，群山之中，流经山口和乾溪汇合，向北经柏峰到赤岸吴溪后流入义乌江。宋代徐侨《丹溪吟》中说："丹溪群山俱有情……"阐明丹溪是群山中流出来的。而皇门殿本建在原山口村南，丹溪之旁。乃土人祀本地神仙皇门两兄弟初起、初平而建。当年的皇门殿和山口村，如今都沉浸在柏峰水库碧波之下，但丹溪之上水库之旁，仙迹依稀历历可寻，夹谷之中，洞天清幽自然，山上巉岩凌峻，衬以斜阳晓月，使人宛如置身丹溪仙境也。明代戚公有诗曰：方外幽居偶一过，天风吹上白云窝。山围四野苍苍色，水映双溪淡淡波。画戟屡挥高唱绝，蓬壶同醉早春和。欲穷羽化千年事，松老元枝长薜萝。

鱼鼓

黄大仙的祖籍在义乌赤岸

黄大仙是我国东南沿海，尤其港澳地区，人们普遍信奉的一位神仙。那么，黄大仙究竟是哪里人？

在网上搜索一下，会有各种不同的解释：一说是兰溪人，另一说就是丹溪（赤岸）人，还有的干脆写成是金华人。10 月 13 日，香港赤松黄大仙学会、台湾赤松黄大仙协会等一行 16 人，来义乌市赤岸镇寻根。经过查寻有关资料和实地考证，“寻根团”初步认定：黄大仙出生于赤岸，后在金华赤松成仙。

一

黄大仙本名皇初平，晋代道士，号赤松子。对于黄大仙的出生，宋末倪守约《金华赤松山志》明确指出他生于晋成帝咸和三年（328 年）八月十三日。他幼时家贫，8 岁时替人牧羊，15 岁在金华北山（俗称金华山）得到仙人指点，在今金华赤松镇的山上经过 40 年的苦练终得道成仙。因他居于赤松山，所以人称赤松黄大仙。

黄大仙的生平梗概，在《神仙传》《黄大仙自序》《金华府志》《金华县志》《浙江通志》《义乌县志》等处都有记述。至于黄大仙是哪里人？不同的资料有着不同的记述。宋刻《太平御览》中是这样记载的：“葛洪神仙传曰：金华山有石室一所，丹溪人皇初平之隐处也。”这里所述的皇初平即是丹溪人。在明刻版天顺（1457—1465 年）《天下一统志》中也有对黄大仙的记载：“黄初平，晋丹溪人，年十五，牧羊遇道士……”明正统道藏本的《金华赤松山志》中也写道：“丹溪皇氏，婺之隐姓也。皇氏显于东晋，上祖皆隐德不仕。明帝太宁三年(325年）四月八日，皇氏生长子，讳初起，是为大皇君；成帝咸和三年(328年）八月十三日，生次子，讳初平，是为小皇君……”这里所述的皇初平也是丹溪人。

黄初平黄初起兄弟成仙事迹，最初见于葛洪的《神仙传》。葛洪是东晋道教理论家、医药家、炼丹家。他曾在晋成帝咸和三年（328 年）在浙江会稽郡上虞县的兰风山炼丹，之后又在金华赤松山、义乌葛公山、永康石城山等地炼丹。

葛洪是第一个将皇初平在金华赤松山的仙迹写入《神仙传》的人。其中不论是明刻本《神仙传》，还是清刻本《神仙传》，甚至是民国铅印本《神仙传》，都有相同的表述："皇初平者，丹溪人也。年十五，家使牧羊。有道士见其良谨，便将至金华山石室中。四十余年，不复念家。其兄初起，行山寻索初平，历年不得……"

二

葛洪与黄大仙是同时代人。根据有关史料记载，葛洪曾来过义乌。据清嘉庆《义乌县志》载："葛仙山，县南五十里，高一百五十丈。有炼丹岩，相传葛仙翁炼丹于此。"

葛洪不仅在葛仙山炼过丹，还在义北的德胜岩隐居过。据清嘉庆《义乌县志》载："稠岩（德胜岩）……在山腰有石屋，中为室，广数丈，深十数丈。相传晋咸康（335—342年）中，丹阳令葛洪隐此。"对于《葛岭丹房》，历朝以来还留下了大量诗作。

那么，葛洪在他的著作《神仙传》中所称的"丹溪"，是否就是当今的赤岸？据市志办傅健先生考诸史书，晋时被称为丹溪的有二处。

其一是个国名。据南朝梁萧统编《文选》卷二一"郭景纯《游仙诗》"中之"虽欲腾丹溪，云螭非我驾"。根据此句注释：魏文帝《典论》曰：夫生之必死，成之必败，然而惑者，望乘风云，冀与螭龙共驾，适不死之国，国即丹溪……也就是说，这个"不死之国"名叫丹溪。而在《神仙传》中的神仙籍贯都有明确的府县归属。

其二就是赤岸。康熙《义乌县志》有关于"赤岸"的由来："朱幼字长明……晋永兴（304—306年）中任临海太守。秩满，徒义乌蒲墟村，寖成大族后，朱女适王亲迎之日，两族车红辉映溪岸，因名'蒲墟'曰'赤岸'，既又改'丹溪'。"而在宋嘉定《赤城志》中也有关于"赤岸"的记述："安帝永兴元年（304年），以太守归所居号赤岸（见《义乌县图经》）。"因此，有关赤岸（丹溪）地名的由来，早在晋代就有表述了。

三

关于黄大仙的祖籍是兰溪的说法，其主要依据出自明清时期的《金华府志》及《浙江通志》《兰溪县志》等资料。

明万历（1573—1619年）《金华府志》中记载："晋皇初平，兰溪人，牧羊遇道士，将至金华山石室中……"

而在清康熙版的《浙江通志》中，有关黄大仙的记载也指出是"兰溪"人："晋黄初平，兰溪人，牧羊遇道士，将至金华山石室中……”这里的记载与《金华府志》的记载仅一字之差，极有可能引自《金华府志》。而在清光绪《兰溪县志》中有关黄大仙的记载，则改成了兰溪黄湓人：“晋黄初平，邑之黄湓人。年十五……家使牧羊，遇道士……”

然而，根据有关记载，“兰溪”地名自唐朝才始：“兰溪：咸亨五年(674年)析金华县西界置，以溪水为名”(见《旧唐书》卷四“地理志第二十”)。至于黄湓村，根据文物考古资料证实，黄湓村在晋时尚是一片荒无人烟的沙滩、沼泽之地。因此，认为黄大仙是兰溪市人、兰溪市兰江镇黄湓村人，都是后人的附会之说。

对于黄大仙的祖籍，比明万历《金华府志》成书更早的宋刻《太平御览》、明天顺《天下一统志》中都写的是“丹溪人”，此后为什么在有的资料中就变成了“兰溪人”？据义乌市志办的专家分析，可能与当时兰溪的经济实力有关。在明清时期，兰溪的经济实力超过了金华各县，当时就有传是“小小金华府，大大兰溪县”之说。谁经济实力强，在修志时就掌握了一定的话语权，即使现今也是如此。

四

在赤岸镇羊印、莱山等村，还存有“羊印石”的古迹。羊印石是葛洪创作黄大仙“叱石成羊”故事的最初雏形。

来自港台的 16 名黄大仙弟子相继查阅了由义乌市志办等部门提供的有关黄大仙资料，并赴羊印、朱丹溪陵园做了实地考察。香港赤松黄大仙协会会长周兆志说：他在 1983 年就来过义乌，当时也曾听说黄大仙的祖籍在义乌赤岸。为此，他不停地寻找有关资料，此次再次来义乌寻根，可谓是把 10 多年前的疑问解决了。通过此次寻根，他认为黄大仙的出生地就在赤岸(丹溪)。

台湾赤松黄大仙协会秘书长阮天立说，对黄大仙的出生地问题，之前他认为是在兰溪；通过查阅分析各种历史记载及一连串的探访，现在可以认定黄大仙确实与义乌赤岸有着很深的渊源。他认为对黄大仙的出生必须做一个澄清，还原历史。

转自《义乌商报》，记者龚献明、蒋侃为

21. 柏峰十八湾（支线 014-07-06A）

柏峰仙迹景区。乱石成流，姿态万变，乃古地震遗址。根据“叱石成羊”的传说，“牧羊群”就是黄大仙施法留下的痕迹。山中有一“仙石”，人像隐隐可见。“白羊精”“鱼吐水泡”奇石兀立威镇群山。有上千吨的巨石上出现“L”形裂缝，如木匠使用的“角尺”，素称“鬼斧神工”，是千年之谜。十八湾峰峦叠翠，古木葱茏，有奇岩怪石之险，有流泉飞瀑之胜，清凉世界盛名，为古今览胜养生胜地。岩石留下痕迹，百走不厌，天然氧吧，耐人寻味。远眺仙人湖，人间天堂，天下美景。人随景转，景随人移，有“山中方一日，世上已百年”的感觉。

22. 山口村石碑记（支线 014-07-06A）

山口村，古时属于廿六都，称乾溪村，由山口、皇门殿、八泻、石灰里等 4 个自然村组成，有 800 多年历史，人口 903 人（移民人数）。源鱼曹头、晓峰两条溪汇集而成的乾溪环村而过，有皇门殿大桥、成宅桥、丁宅桥三座桥，全村地势相当平坦，村内房屋基本上建在同一个基面上，村中有一条长达 200 米的“石子街”。有成氏祠堂两座，厅堂六幢，泉水井五眼。尚阳、毛店是通往东阳的必经之路，也是义西南通往永康的官道，每年农历八月份，义乌人前往永康方岩朝拜胡公，多时达上千人经过山口村。

村里有三大姓：成、丁、许。三大姓以前是戚氏居住，据东阳《东海戚氏宗谱》记载：“戚继光，字元敬，祖籍义乌，迁居山东登州卫（今蓬莱）指挥佥事，父景通历官都指挥署大宁都司，入为神机坐营，有操行。继光幼倜傥负奇气。家贫，好读书，通经史大义。”《南塘公赞》又载：“是赞是像久归乾溪派珍藏，而来房分式微恐致遗失，赍归竹里派孙茂梅等，虑世远年湮字迹残乏故梓之于谱，以垂不朽云。”山口村戚氏属乾溪派，戚继光祖籍就在山口村，南塘公像就由戚氏乾溪派移交戚氏竹里派珍藏。戚继光来此招募义乌兵，明嘉靖三十八年（1559 年），除因义乌人勇敢剽悍外，还有一个主要因素就是戚继光知道戚氏的祖籍在义乌。

山口村位于群山环抱之中，村东南面山连接着山，山路弯弯，曲径通幽，林深树茂，岩崖林立，气势非凡。传说神仙在此斗法，留下仙迹“神仙吸壁”（隐躲）。素有“动乱年景有地幽（躲藏），大旱年份三分收”。

1970 年 10 月，为筑建柏峰水库，山口村全村迁移到赤岸乡、东朱乡 23 个村、佛堂镇田心等乡 7 个村。2015 年原山口村民丁樟禄编写《记住乡愁——消失了的山口村》，该书由中国文史出版社出版。

23. 柏峰村（支线 014-07-015A）

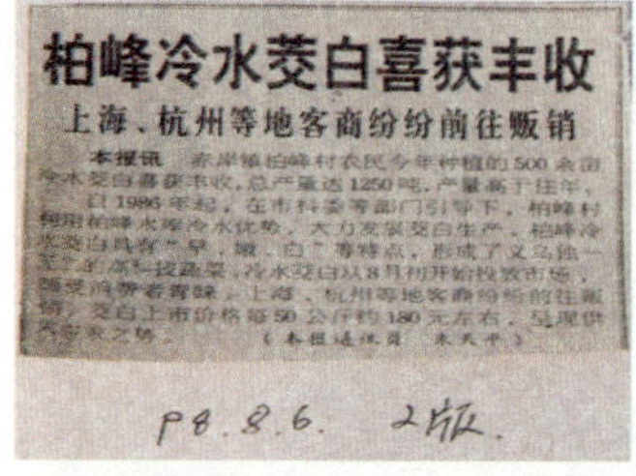

柏峰冷水茭白喜获丰收

上海、杭州等地客商纷纷前往贩销

P8.8.6. 2版.

赤岸镇发展茭白生产

柏峰等村已种植茭白550亩

据杨氏宗谱记载：杨氏第十六世孙文立，号柏峰，故名柏峰村。从元代定居建村至今，将近 800 年历史。柏峰村三面青山环抱，郁郁葱葱，村民 400 多人就居住在义乌第二大水库的大坝脚下，库区山色宜人，一波碧水，清澈甘甜，属于最适合人类居住的地方之一。

柏峰村土地以沙壤土为主，土壤肥沃，非常适宜农作物生长。筑水库前，适合种植糖梗经济作物，历史上有“山口、柏峰糖梗堆”的说法，所产红糖色泽金黄，口味鲜甜，入口即化，在民间享有美誉。筑水库后，村民依靠柏峰水库冷水优势，大面积种植冷水茭白，茭白远销杭州、上海等地。柏峰村茭白在 8 月 1 日就大量上市，冷水茭白以“白、大”享誉省内外，被评为浙江省无公害绿色农产品。

24. 柏峰水库（支线 014-07-015A）

柏峰水库位于东阳江支流吴溪支流的乾溪上，离县城 25 千米，库区山坡较陡，林木稀少，库址岩质坚硬，节理发育，坝址左侧已风化，右侧较完整，库内筑坝土料丰富。坝址口小，库幅大，是灌区群众酝酿已久，迫切要求兴建的水库，为义南灌溉骨干工程。

1970 年 7 月 6 日义乌县革命委员会以义革（70）119 号文件，上报金华地区革命委员会要求兴建。同年 9 月 26 日地区革命委员会生产指挥组以金地革生（70）第 307 号文件批准同意兴建。批准项目：主坝一座，坝型是黏土心墙沙壳坝，坝高 33.2 米，副坝一座，坝型是均匀土质坝，坝高 14 米，输水隧

洞一座，溢洪道一座，上吴渡槽、雅西渡槽、倒虹吸 3 处，正常库容 1500 万立方米。电站一座，容量300千瓦。干渠3条，总长 34.64 千米，灌溉农田 21 平方千米。

柏峰水库于 1970 年 9 月 15 日动工，1975 年 12 月完工，1979 年 11 月竣工验收。同时成立义乌县柏峰水库管理处，负责日常工作。2006 年除险加固，溢洪道加高 2 米，蓄水量增加到 3000 万立方米。

工程概况：柏峰水库集雨面积 23.42 平方千米，主流长度 5.6 千米，主坝坝高 38.5 米，坝顶标高（假定基准 50）88.5 米，顶长 221 米，宽 5 米，防浪墙高 1 米，坝底长 110 米，副坝

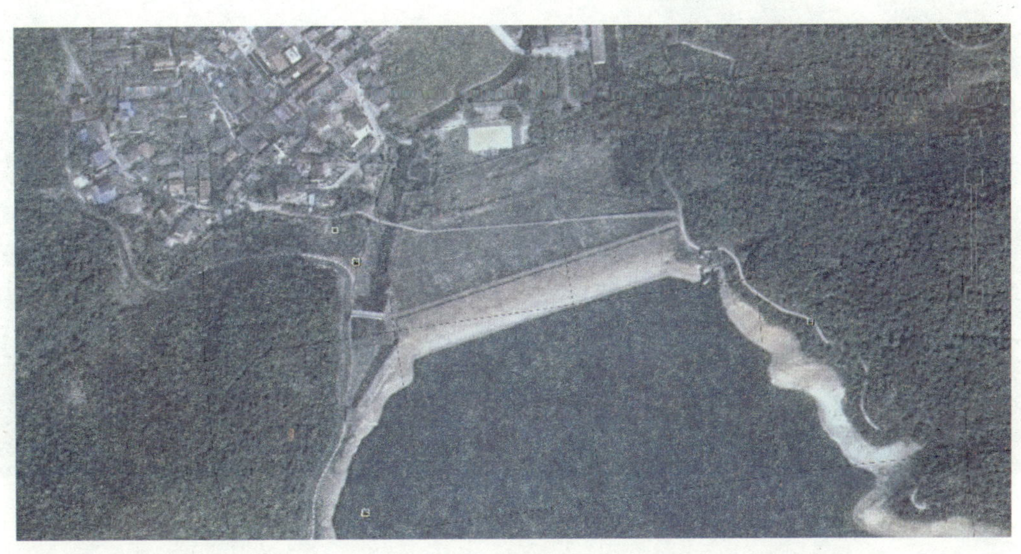

高 18.5 米，输水隧洞 2 座，溢洪道 1 座，正常库容 1945 万立方米，保坝库容 2557 万立方米。电站 2 座，总容量 535 千瓦。共搬填土石方 106.44 万立方米，其中主坝 55.62 万立方米，副坝 7.35 万立方米，渠系配套 35.5 万立方米，共投放劳力 332.1 万工，其中主、副坝 220 万工，总造价 615 万元；其中省、地、县三级补助 309.7 万元。实用水泥 5560 吨，钢材 312 吨，木材 965 立方米。灌区有赤岸、田心、东朱、塔山、佛堂、毛店 6 个乡镇的 21 平方千米（设计），因建库淹没耕地 0.62 平方千米，迁移山口一个村，226 户，903 人，原拆原建房屋 679 间。

25. 狮子摇铃

据《乔溪朱氏宗谱》记载，“鄱塘坑泉井牡丹凤凰形狮子摇铃”。石亭建于嘉庆十六年（1811 年）。

石头凉亭为石拱门，全长 20 余米，高 4 米，宽 3 米，全用鹅卵石砌成，没有一根木头、一个钉子，实属罕见。

26. 雪峰岭（支线 007–12）

雪峰岭通永康、东阳古道，全长 5 千米，路的尽头就是三县交界处。峡谷两边分别有大梁挂钟、著名之鹰嘴岩，峰岩状如伏鹰，凌空欲飞，并和瀑布相呼应。县志记载：“鹰嘴岩四面巉峭壁立，尖峰若鹰嘴。上有石井，其水清洌，有石臼，园凹如琢。”

程鲍抗遗址

补天石

柿树坪自然村

雪峰岭有名胜山峰，奇石林立，泉石飞瀑。有独特奇观石“磐陀石”“哑叠石”，适宜春秋登山。传说太平天国运动的领袖洪秀全曾扎营山顶，有一力大无比的将军，人称“哑巴将军”。洪秀全想在山顶观看金华八县，“哑巴将军”就搬来岩石叠到很高，后来百姓就称此为“哑叠石”。雪峰岭是横亘于义乌的赤岸镇东朱村到东阳的黄田畈镇林村之间的古道中的一条山岭。1958 年前的林村还是属于义乌县的一个自然村，而后变更，归属为东阳县管辖。林村与东朱两地之间距离有七八千米。从东朱村出发，途径雪峰水库、寺庙、柿树坟村、凉亭，到达雪峰岭，只能算一半的路程。

哑叠石

27. 东朱林场（支线 007-03）

东朱大队林来队遗址

东朱村林业队，创建于 20 世纪六七十年代，村里从各生产队抽调人员，长年从事林业生产和上山护林。

28. 柿树坪（支线 007-07）

东朱高山组，由柿树坪、东谷坑、南岩、陈鲍坑等自然村组成，有人口 131 人，39 户。其中柿树坪 7 户，22 人；东谷坑 18 户，62 人；南岩 13 户，45 人；陈鲍坑 1 户，3 人。现在除东谷坑外，其余相继搬迁到东朱村。

29. 蒋坑村（主线 015）

赤岸镇蒋坑村是一个典型的山区村，距离赤岸镇区 10 千米，山清水秀，空气清新，具有独特的旅游资源，是市民节假日休闲度假的好去处。蒋坑村现有农户 67 户，142 人。该村拥有封山育林面积 1.44 平方千米，耕地 0.06 平方千米，其中水田 0.03 平方千米，旱地 0.03 平方千米。村民主要经济来源是经商务工，仅三四十位老人留守在村，种植瓜果蔬菜等农作物，自给自足之

余也到赤岸镇上出售，2011 年村民人均收入达 6000 元。

蒋坑村依托风景秀丽的柏峰水库和自身独特的山水及生态魅力，大力发展旅游业，计划将蒋坑村发展为国际商贸名城休闲健身基地，并稳步推进旧村改造工作，改善村民居住条件，拓宽村民致富途径。

30. 乔亭村（支线 014-07-17）

乔亭村坐落于浙江地理中心双峰山脚下，赤岸东部，是一个山清水秀，历史悠久，人杰地灵，文化底蕴深厚的千年古村落。乔亭因村南有很高的山峰，俗名为双尖，又名为乔岳，乔意即高，人们去双尖，都在此驻足停歇，故名乔亭。

东吴皇川胜迹探微

——大乔小乔是古乌伤人考证之二

三国东吴吴夫人，是孙权的母亲，她的弟弟吴景是丹杨太守，他们为孙氏皇朝开创江东基业立下了汗马功劳。孙策死了以后，孙权少年统业，吴夫人助治军国，起了很大的作用。但是她是哪一年死的呢？吴书说是建安七年（202年），后来裴松之加了一条注却说："按会稽贡举簿，建安十二年到十三年阙无举者，云府君遭忧，此则吴后十二年薨也。八年九年皆有贡举，斯甚分明。"而且建安七年吴夫人还是最高决策人（见《三国志·周瑜传》注一），可见当年即死的可能性也不大。陈寿所以搞错了，其原因是这一年，夫人召集老臣，嘱以后事，这样就误以为吴夫人死了，其实吴夫人是放权退休，跑到会稽郡来养老了。所以会稽贡举簿载得分明，吴夫人还活了五年。吴夫人在会稽什么地方落脚，正史上没有明载。本人经过多年研究认为还是有蛛丝马迹可寻的。

首先是金华，素来有吴夫人曾在金华造过塔的传说；另也有说吴夫人的墓在金华，而塔为孙权所造。当时金华称长山县，是初平三年（192 年）从乌伤县分出来的，离建安七年只相隔 10 年。其次是永康县名的由来，据传是吴夫人病愈后到乌伤县上浦乡礼佛还愿，当时即易名永康。赤乌八年（245 年）分乌伤上浦乡定名为永康县。有人认为分县离吴夫人死（207 年）已过 38 年，所以与保佑吴夫人永远康健无关。但是时间已过了 1700 多年，具体的细节已无从查考，而要推翻一种讲法，必须有可靠的证据。有人还断言三国时乌伤没有佛寺。这是普通的历史常识问题，不属学术讨论范围之内，因为佛教在东汉明帝时前即已传入中国，学生的教科书中已有明证；何况三国时，东吴佛像已东传日本，1991 年的《文汇报》就载得分明。至于有人宣称，乌伤县在双林寺前没有寺院，所以不存在吴夫人去上浦乡礼佛的事。那更是无稽之谈，请看最近出版的《金华市志》，内载有据可查的三国到南北朝，也就是比双林寺早的佛寺就有 4 家，而且在义乌城区出土的西晋器皿上面有许多和尚的造像（现藏义乌博物馆）。另外双林寺在南北朝兴盛一时，知名度极高，其产生必有其深厚的社会根基和历史渊源，武断说以前没有佛寺，那是一种无知的表现，用这个理由来证明不存在吴夫人礼佛的论断，更不足为训。

所以这二则传说应该说有一定的历史价值，是探寻吴夫人在会稽郡落脚点的一把钥匙。

那么吴夫人在会稽郡的落脚点究竟在哪里？

一、从“华川”古县说起

唐武德六年（623 年）改乌伤县为稠州，分置乌孝、华川二县。“乌孝”县名乃乌伤衍化，由古代颜乌葬父的典故引申，故县治在今之义乌稠城镇是名正言顺无可非议的。但华川从何而来？据记载县治在今之赤岸。所以华川应与赤岸有关系，但元人说“华川”即“绣川”，而绣川在乌孝县所在的稠城。古人难道会用乌孝县治中的湖名去做另一个县的县名吗？这是不符合逻辑的。本人与金华地名办的一些同志对此早已产生疑问，直到研究三国吴夫人的问题，这个问题总算有了眉目。

古华川县治在赤岸镇。从赤岸向东约20公里，现在留下许多地名，都和此事有关，如乔亭、石城、上孙塘、下孙塘、小孙塘、大孙塘、兆安、皇庐、上谷、皇阪寺、留仓、皇园、龙溪、皇阪、皇田阪、皇坎头，看起来有头有尾。这些地名，随着岁月的流逝，有的字已有了变动，但土语读音和以上所写的一丝不差。其中值得注意的是皇田阪（现名黄田阪）和王坎头，旁边有一条江，现名画水。“画”“华”

土音相同，而此地离赤岸镇不到 15 公里，乃古华川属地。再联系赤岸附近的皇碑塘、皇庐（今名黄路）、皇阪寺、皇园（以上离赤岸镇最远仅 4 公里），加上今东阳县境的皇阪、皇田贩、皇坎头，很清楚表明了这一带 30 余里平川乃古皇家庄园。境内的二条小溪，一称后龙溪，一曰龙溪，汇合成吴溪；而穿过皇田阪的大溪，就称为皇川了。到了唐时分县，因为孙氏皇朝早已湮没。通常地以水为名，但再用皇字已犯忌讳，所以聪明的地方官吏就用同音字“华”取代“皇”字。随着岁月流逝，皇田阪一带划给东阳县管辖，华川已失去本来意义而且与东阳县无关，“华”字衍化为土语同音的“画”字，就顺理成章了。

二、这一带究竟是否有东吴皇家庄园？

从地名来看，这里的乔亭、乔岳皆与乔姓有关，大孙塘、小孙塘与孙姓有关；石城乃寄托石头城之意，俗称托石头，加上吴溪，以上都与东吴的国名、京城以及孙氏和乔氏有关，应该说是东吴部分皇族居住过的地方。但没有文字记载，难以令人信服。最近我查了《三国志·卷五十九》，其中开篇《吴主五子传第十四》中孙霸目下载：“霸二子，基、壹。五凤中，封基吴侯，壹宛陵侯。孙皓即位，追和、霸旧隙，削基、壹爵土，与祖母谢姬，徙会稽乌伤县。”这里就写得很清楚了，说明东吴末代皇帝孙皓，为了他叔父和他父亲不和，把他叔父的儿子“孙基”“孙壹”的爵位削掉，孙霸的母亲谢姬和孙霸的二个儿子都迁徙到乌伤县安置。那么迁到乌伤县什么地方呢？和以上的地名一联系不就一清二楚了嘛！所以古“皇川”乃孙吴皇家庄园是无疑的。

三、大乔小乔究竟是哪里人？

大乔小乔是哪里人？1700 多年来谁都没有讲清楚。清朝人沈钦韩说“乔公即汉太尉乔玄”。但是乔玄生于公元 108 年，而孙策生于公元 175 年，比孙策大 67 岁，而且 183 年即已病死，其时孙策刚 8 岁。而且正史有一段乔玄最小的儿子在 178 年被劫质的记载，其时乔玄最小的儿子都 10 岁了，而孙策只有 3 岁，加上年老多病，所以他不可能有两个女儿可以嫁给孙策、周瑜。

我们要研究乔氏的出处，首先可从吴夫人晚年为什么要到会稽郡乌伤县停留着手，联系以上所述乌伤境内的东吴皇家庄园，问题就可迎刃而解。

这里要提两个问题：首先是一系列的地名，如孙塘、吴溪、皇碑塘、皇田阪、皇院、娘院、皇川等为什么傍依乔亭和乔岳而展开？其次乔亭附近既非政治经济中心，甚至不是县治所在地，又非名山大川，是什么东西值得皇家眷恋重视？这

必定有其家属的历史渊源。而分析孙氏皇亲，只有乔姓和乔亭、乔岳关联。因为这一带村、山、塘大多以居民姓氏命名，而地名多为千古不易。所以乔亭必为古时乔姓聚居地，而且乔亭的地名，唐时即有文字记载留到现在，而称“亭”却是汉以前的名号。可见乔亭乃汉以前古地名无疑。联系正史关于大乔嫁孙策、小乔嫁周瑜的记载，说明吴夫人晚年到乌伤一带养老，其原因只能与其守寡的大儿媳大乔有关系。因为大乔是会稽郡乌伤县乔亭村人，她才会到会稽郡乌伤县来。试问其他还有什么原因？这个问题一解决，那么，“石城”“后龙溪”“大孙塘”“小孙塘”“上孙塘”“下孙塘”“皇碑塘”“皇院”直至“皇川”等一系列地名为什么傍依乔亭展开不就一清二楚了吗？正因为大乔丈夫孙策早丧，传位孙权，她在京城既非皇后，又非太后，诸多不便，便思回娘家隐居。但是江东基业又是其丈夫所开创，她又不甘寂寞，故在娘家乔亭村旁一里处造了一个城堡，以京城石头城来命名为“石城”，以寄托对石头城的幽思，所以老百姓一直叫石城村为“托石头”。至今石城村还有城堡遗址，四面环水，二桥相通，面对乔岳双峰，似有大、小二乔的意思。城堡东一塘称大孙塘，堡西一塘称小孙塘。另外离此约 20 千米，今东阳市也是古皇川流域，尚存乔姓村落。据南宋宰相东阳人乔行简说，东阳乔姓因为子孙没有文化，谱牒宋时即已珍绝，可见古乌伤有乔姓氏族无疑。而今存东阳乔氏宗谱是后人所造，以此来否定上述分析乃不足为据。正因为吴夫人、大乔留下皇家庄园，所以孙皓当皇帝后，将谢姬和孙霸的儿子孙基、孙壹徙乌伤也就合情合理了。

冯志来撰稿

国际登山健身步道
International Mountaineering Fitness Trail
赤岸探幽
TanYou
IMFT赤岸

二、西天坪路段节点

009-05A
深塘
032-09A
盆塘
031-11A
下陈
蒋坑 015
枫坑水库
039-11
晓峰
031-06
鱼曹头
022A
西天坪
002-01

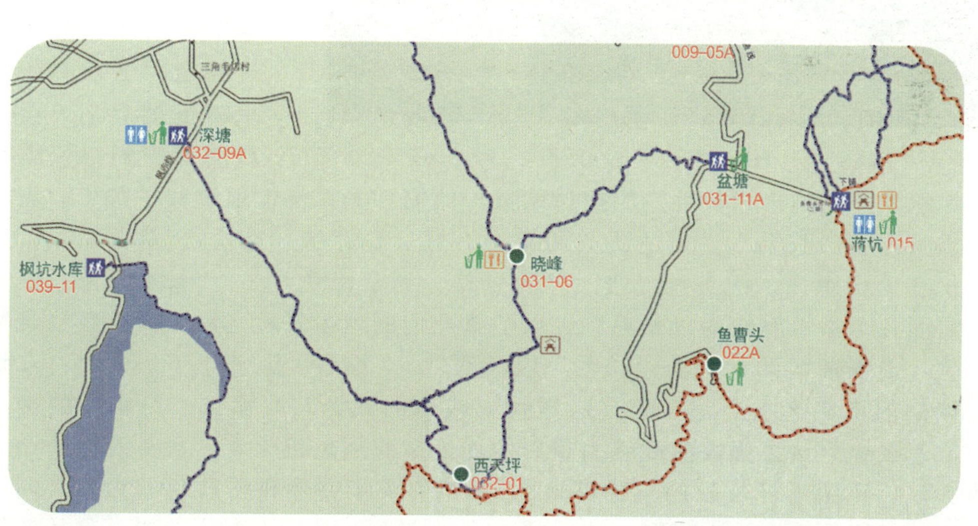

1. 鱼曹头村（主线 022A）

鱼曹头最早叫“楼上村”。据村里的老人说，鱼曹头是“先有楼、金、陈，后有朱、余、叶”，也就是说，鱼曹头最早居住的是楼姓人家。大约八百多年之前，这个村庄还是姓楼人家的村庄。因为到这个山庄要爬很高的“楼梯”，就像是到一座很高的房子楼上一样，而且这“楼上”住的又是姓楼的人家，于是这个村庄就叫“楼上村”。

“长毛造反”（1851 年洪秀全领导的太平天国起义，由于组织纪律不严密，到后来一些地方起义队伍鱼龙混杂，地方土匪纷纷加入，变成了一支烧杀抢掠，危害百姓的队伍。因此，老百姓恨之入骨，由于太平军反抗清廷的剃发令，都蓄有长发，所以称之为“长毛造反”）的时候，有一天，一支广东“长毛”从永康出发，经过楼上村去义乌，城里得到消息后，楼上村的猎户们很快就自发组织了一支抗击“长毛”的护村队伍。他们首先在佛像前进行了拜告，表达了誓死不让“长毛”进村的决心和意志。然后身背铳（猎枪），奋勇出发，并埋伏在天山鸡岗、两头洞一带，严阵以待。到了傍晚时分，“长毛”来了，看着前面几个举着旗帜的“长毛”进入了猎户们的阻击射程之内，只听轰隆几声巨响，走在前面的七八个“长毛”应声倒地。“长毛”头子吓了一大跳：在这样偏僻的山头之上，怎么会有这样强大威力的武器？就那么一个小小的楼上村，怎么会有这么强大的武装力量？他连忙拿起望远镜来看，只见对面一个红脸大汉，正用一杆长长的枪瞄着他。“长毛”头子突然吓得脸色苍白，大叫一声滚下马去，坐在地上怔了半天，才命令队伍：不过楼上村，改走挂纸岭。楼上村因此躲过了一劫。

按照风水地理先生的说法，楼上村的地理形象叫“五马卧槽”。中间狭长的平地就像一个马槽，两面连着的五个山岗，就像五匹骏马伸长脖子在槽里吃食。有人说：“长毛”造反，村村遭殃，就余下个槽头儿（楼上村）完好无损，

这是陈佰念显灵，“长毛”头子看见的“红脸大汉”就是陈佰念。此话一出，越说越神，越传越广，而且久传不衰。那时，村里已经没有楼姓人家居住了，于是就有人提议把“楼上村”改为“余曹头”（大概那时“曹”与“槽”谐音吧）。把“楼上村”改为“余曹头”确实很好，一是纪念了那段抗击“长毛”的历史；二是既切合村庄的地理形象，又符合当时村里已经没有楼姓人家居住的实际情况；三是非常吉利，“五马卧槽，槽中食之不尽，年年有余”寓意生活年年有余。因此“楼上村”变成了“余曹头”。

中华人民共和国成立之初，上级写文件，就问当时正在乡里开会的余曹头小学老师：村名怎么写？这老师是外地人，刚来余曹头任教不久，也不太清楚。以方言谐音之缘故，就把“余曹头”写成了“鱼曹头”，更名为鱼曹头至今。

2. 鱼曹头岭瀑布群（支线 022-01）

鱼曹头岭瀑布群由三个大的瀑布和多个小瀑布组成，瀑布在雨季特别有气势。鱼曹头村中还有参天的古树和苍岭古道，古朴清新。

在鱼曹头村通公路前，这条石子路是村民唯一的下山道路。如在雨季，山上烟雨蒙蒙，云雾缭绕，仿佛置身仙境一般。踩着青苔满布的石子小路，拾级而上，沿路边就能听到“哗哗哗”的水声。小瀑布虽然落差不大，但水流湍急。湍急的水流忽遇断崖，飞泻而下，把底下的大石头冲刷得异常光滑。抬起下巴，仰望瀑布，宛如从天上喷射而出，喷出之水，大部分直泻而下，与石头碰撞、激荡，或化作水雾，或化成水汽。由于石头的阻隔，小股的水流化身成细细的水帘，落入底下的水潭中，变成一朵朵水花。那场面的确壮观！整个鱼曹头岭瀑布群如同一根洁白的织带，妩媚地飘在山间。

3. 横冲直冲（主线 027A）

赤岸镇鱼曹头村，有“横冲直冲”火山口遗址。横冲直冲，顾名思义就是横洞直洞，横冲就是横洞，洞深五六米，人要侧着身才能进出；直冲就是垂直的洞，深不见底。两洞温度常年保持在 16℃左右，冬天很缓和，夏天很凉爽。当地老百姓也称其为火山口遗址，有摩崖石刻佐证。

传说，曾经有三姐妹掉进洞里，被人们称为“天井夫人”。每年逢正月十六人们都会去祭拜。此处属仙霞岭山脉余脉。仙霞岭山脉系钱塘江水系与欧江水系的分水岭，同闽赣交界的武夷山脉向东北延伸而成，再向东北延伸则称天台山脉，地势高峻，中山广布，平均海拔千米左右，多为中生代侏罗系火山岩覆盖，岩性坚硬，节理发育，侵蚀后形成陡崖峭壁。仙霞岭余脉绵延，永康市界上的虎天山，海拔 800.6 米，是全市第二高峰。横冲常年有股恒温的风吹出，地气蒸腾，冬暖夏凉；直冲深不见底，洞径 2 米，洞壁为坚硬的岩石。经考证属中生代侏罗纪，距今约 2.3 亿年。当地老百姓在岩石上篆刻了“火山口”3 个大字。

4. 挂纸岭（主线 018）

古时赤岸倍磊一带是通往永康的官道，往来繁华。至今仍保留着一段鹅卵石官道，古朴厚重。从蒋坑村沿曲折鹅卵石山路往东南方行二三千米，有一条义乌至永康县的道路，是义乌百姓上方岩拜佛的古道，此岭称挂纸岭。挂纸岭古道上的石拱桥、鹅卵石路，是地道的乡间小路，能体现回归大自然的情调。关于"挂纸岭"一名的由来，还有一个故事，传说有一个小商贩挑一担草纸过此岭。他突觉腹部不适，躲入路边草丛中解手，糟糕的是，解手完毕才知道身上没有带纸，他只好随手摘柴叶充当手纸。不料，他看到一个瓶子，挖去一些泥土后打开瓶盖，看到的竟是满满一罐闪闪发亮的金银！荒山野岭，哪来的金银呢？或许因兵荒逃难的财主认为东西藏匿在这儿才安全……捡到就是便宜，他一心想把金银弄回去。可金银太沉了，不好拿，再说光天化日，也怕被人看见。他思来想去，终于做出一个"两全其美"的决定：先去卖草纸，等到午夜时，再顺路回来挑回家去。于是他在原地方原样把一切弄妥。为了能记住藏宝处，他特意压了一刀纸作为记号。他原以为万无一失，却不料傍晚时分老天刮起大风，等他跌跌撞撞摸回去时，那刀纸已被大风吹得满山都是，挂在树梢上和草丛中，再难分清做记号的原址了。他傻傻地站在那里，望山兴叹：唉，命不该得！从此以后"挂纸岭"的名字就这样传开了。

5. 四天坪（主线 032-01）

四天坪海拔 847 米，为义乌第二高峰，山顶比篮球场面积还要大，俯瞰山下，城镇乡村如在脚下。民国初期还有一人居住在山顶，在 20 世纪 50 年代搬到后金宅村。四天坪山势巍峨，山顶平坦如坪，故又称四坪台。被誉为义乌的名山，集“奇、险、古、秀”于一体，山势雄伟，陡峭险峻，层峦叠嶂，气势壮观。有飞仙灵崖、飞瀑、奇石自然景观，登主峰山顶，西眺枫岭翠峰，北瞰乌伤大地，令人心旷神怡。

6. 晓峰村（支线 031-06）

晓峰村起源于南宋（1135 年），原名为隆垣村，子孙兴盛、村庄永固寓意。晓峰村因位于深山冷坞，故名深坞坑。1955 年，深坞村改为晓峰村，寓意“晓日东升、峰峦叠翠”的蓬勃美丽景象。地形高差达百余，因而山高谷深，层峦叠嶂，群峰耸立，气势十分壮观。伏虎隐前面生长了一棵八百多年的红豆杉，老百姓称为“树神”。该村气候非常适合红豆杉生长。传说过去在红豆杉周边有 18

家铁店、18 家肉店，非常繁华。

村庄坐落位置平均海拔 425 米，最高山峰四天坪大尖海拔 847 米。辖区常年平均气温相比义乌城区低 5℃左右，昼夜温差大，是游客们避暑的胜地。古时候，这里曾经是很有名的木炭和天然染料靛青的生产基地。

晓峰村山林植被丰茂，植物种类繁多。空气清新，负氧离子含量极高，被称为义乌最佳“天然氧吧”。飞瀑流泉，清溪小潭，翠竹绿树，鸟语花香。晓峰村以优美的自然环境，纯净的空气质量，清澈的天然水源，吸引着越来越多的游客前往休闲游玩。

7. 伏虎隐（支线 031–04）

相传很久以前，在山坳里就开始有人居住。由于山里森林植被茂盛，烧木炭是山民中盛行的行业，他们从永康迁移而来，利用木炭优势打铁为生，并取名为“隆垣村”，寓意子孙兴旺，村庄永固。勤劳的人们一边打铁，一边垦荒种地，经过几年努力，山坡上种满了油茶，山脚下成了良田，整条山垅生机勃勃，山民们在这里过上了世外桃源般的生活。

山民们在耕种农作物时，除了掌握农事季节和气候外，就怕野兽的侵扰。一年辛辛苦苦耕种的作物，眼看就要成熟了，往往一夜之间被野兽糟蹋得颗粒无收。日子一年一年地过去，生活在这里的山民们也觉得很平常，但是有细心的山民发现一个奇怪现象，在村庄红豆杉林至坑里之间这块地段的庄稼年年丰收，从未受到野兽侵扰，犹如有天神保佑。

有一个秋天的早晨，一村民很早起来出门，刚走到红豆杉林的路边，依稀听到田间里“哄哄”的叫声，上前看，原来是一群野猪正向苞谷田方向跑去，准备偷吃苞谷，于是他想找根木棍赶跑野猪。与此同时，突听到“嗖”的声音，从山脚边冲出一只硕大的老虎，猛然扑向野猪，成群野猪顿时撒腿落荒而逃，其中一头野猪成了老虎的盘中餐。

从此，这里的山民明白了奥秘，这一垅田块的庄稼从未遭受到糟蹋，就是因为岩石后面藏匿着一只大老虎，天天看家护园而不伤害人。后来，山民们为了纪念此事，就把这里命名为“伏虎隐”。

8. 红豆杉（支线 031–04）

这是一个神奇的树种，曾被神舟四号飞船带入太空，在美国白宫、英国白金汉宫、联合国总部都有其倩影，它就是被誉为“健康树”的红豆杉。红豆杉之所以如此珍贵，受到人们的推崇，皆源于专家所说的八大特点。

⑴250 万年前第四纪冰川时期遗留下来的红豆杉树种，遗留在中国，并传到其他国家，红豆杉是珍稀濒危物种，是植物中的活化石，自然分布极少。1994 年红豆杉被我国定为一级保护植物，同时被全世界 42 个有红豆杉的国家称为“国宝”，是名副其实的“植物大熊猫”。

⑵红豆杉属 CAM 类植物。此类植物全天 24 小时吸入二氧化碳，呼出氧气，而其他植物只能白天吸入二氧化碳，呼出氧气，晚上则吸入氧气，呼出二氧化碳，在居室里与人争氧，所以红豆杉与其他植物相比，最大的优势是适合在室内摆放，起到增氧效果。

⑶防癌。红豆杉不仅可以吸收一氧化碳、尼古丁、二氧化硫等有害物质，还能吸收甲醛、苯、甲苯、二甲苯等致癌物质，净化空气，起到防癌、抗癌作用。

⑷抗癌。红豆杉又名紫杉，可从中提炼出一种有机物单体，该单体是国际公认的治癌良药，具有广谱、高效、低毒的特性，被命名为“紫杉醇”。红豆杉是唯一能提炼出紫杉醇的植物。

⑸吉祥树。红豆杉也被称为“健康树”“长寿树”“吉祥树”。经专家十几

年的研究发现，红豆杉具有驱蚊防虫作用，抗病虫能力强，无须农药也能健康生长，生机蓬勃，被称为“健康树”；它的树龄可高达五千年以上，被称为“长寿树”，它红果满枝，晶莹剔透，寓意着吉祥喜庆，所以又称被为“吉祥树”。

⑹黄金树。红豆杉全身是宝，它的木材是优质红木，可做高档家具，果实可做保健品，根部可做工艺品，皮与细根是提炼紫杉醇最好的原料，所以又被称为“黄金树”。

⑺耐阴。红豆杉是极好的盆栽观叶植物，它喜阴湿、避阳光、需水少，极好养护，属“懒人植物”，适合在居室、办公室、宾馆、饭店摆放及小区、公园等园林城市绿化。

⑻耐温。红豆杉在温度高达 41℃时，依然生长良好，温度在 -6℃时还能微长，四季常青，造型美观，南北适宜。

总而言之，红豆杉是“国宝”，耐阴、耐温，属 CAM 类植物。专家称，同时具备这三大特性的植物仅有 2~3 种，加上其独特的功能作用，已无任何植物能够与之相媲美。红豆杉产业是健康产业，为生态文明做出贡献，利国利民，造福人类。

9. 深坞坑龙潭（支线 031-07B）

唐代文学家刘禹锡在《陋室铭》中写道:“山不在高，有仙则名；水不在深，有龙则灵。”千百年来，龙的传说在我们中华大地上处处流传。在赤岸镇晓峰村美丽的溪谷里有这样一处景点叫“龙潭奇石居”，景观自溪流而下依次为龙屋、龙潭、龙井、龙缸和龙灶台，全由地球冰河时期冰雪融化，水滴石穿造就而成的冰臼群组成，栩栩如生、惟妙惟肖，见证了大自然的鬼斧神工。景观同周围峭壁和密林相结合，让人一走进此地，马上就有一种仿佛神灵降临的紧张感，因此吸引了无数游客纷纷慕名而来。但很少有人知道这里还流传着一个动人的神话传说。

相传在很久很久以前，晓峰村就已经有很多勤劳的百姓在这里生活，他们每天起早摸黑，开种着这里的每一寸土地。也许是由于过度开种，连续数年频繁出现干旱和洪水，收成寥寥无几，全村人生活艰难。一天，神仙钱公带着朱、陈、杨三位神仙兄弟巡游至此，四位神仙见四明山下原先秀丽的景象，如今却变得如此凄凉，于是就下凡而来，边走边看打算探个究竟。没过多久，四位神仙觉得又饥又渴，恰巧见到一位村妇在门前劳作，于是四位就故意向村妇讨要食物充饥。村妇一言不发低头进屋，先拎出一壶水供四位享用。没过多久，只见她手里捧着一碗热腾腾的红薯根，眼里流着眼泪说：“四位客官，对不住了，由于我们这里连年闹天荒无收成，家里只有这些，请各位别嫌弃，这已是我家中仅剩的粮食了。”四位神仙肃然起敬，于是边吃边向村妇了解灾情。村妇还告诉他们，由于近些年连遭天灾，村里有很多人已饿死，有很多人因此搬走。

四位神仙得知情况，匆忙与村妇告别，驾云而去。去了东海龙宫，请来了龙王大公子，立即来到晓峰上空施法。霎时，天降甘霖，百姓欢腾。

从此以后，四位神仙为报答村妇舍己施人的一餐之恩，也经常前来帮助这里的村民，并在离村不远深坞坑幽静溪流中作法，点化了龙屋、龙潭、龙井、龙缸和龙灶台，敬请龙王大公子能经常到此，保佑这里年年风调雨顺，造福晓峰百姓。

为了纪念钱、朱、陈、杨四位神仙的恩德，百姓们在老村口建了一座庙，供四位的神像，取名“钱德殿”用以祭祀，以示对四位神仙的感恩之心，从此，这里年年香火不断。

一个神感恩人点化龙潭、人感恩神建庙祭祀的传说，从此千古流传。

毛允和撰稿

10. 深塘村（支线 032-09A）

深塘古时称孙塘，传说孙姓人曾经在此居住过。深塘村因村坐落于三面环山的山谷中，置身山顶鸟瞰全村，像处在很深的塘里，又处在大、小枫坑与紫溪坑两溪汇合处，故名深塘。

11. 紫溪坑龙潭（支线 032-07）

白溪滩支流紫溪坑有个龙潭的传说。传说在很早很早的年代，天上下来一条龙，在深塘村紫溪坑山脚的池塘里安了家。

有一天，这条龙出来感受一下世间人情，它摇身一变，化为一个老翁，一路游览山川美景，不知不觉来到倍磊埠头。这里的船老大是倍磊平望村人，待人热情，特别是对上了年纪的老人，更是体贴入微。

这条龙老翁决定去金华府走一遭，乘搭了这条船。船老大对这老翁一路照顾，那热情劲头就别提了。龙老翁去金华的一去一回，被船老大的情义所感动，心想原来人间竟有如此心地善良的人，临别前，觉得没有一点东西相赠过意不去，就拿出了挂在身边多年的心爱之物——一对花瓶相送，递给了船老大，说："我也没有值钱的东西送给你，把这对花瓶带回去吧，如遇大旱年景，可以带上它到紫溪府来找我。"盛情难却，船老大道完谢，就收下了。

有一年，倍磊、平望一带遇上了从来没有过的大旱，禾苗都干枯了。船老大突然想起了老翁的话，通过四处打听，终于找到了深塘村紫溪坑山脚，原来那里有一口潭，碧绿的水，深得看不见底。这时，船老大才明白那个老翁一定是龙的化身，它说的紫溪府就在这口深潭里。船老大和平望的男女老少，带上鞭炮、锣鼓，来到潭池边，迎接神龙显灵。在锣鼓喧天和鞭炮齐鸣声中，平静的池潭沸腾起来了，船老大用两个花瓶装满水，就算是把龙接回去了。

接回了水龙，平望村民立即请了能工巧匠，雕刻好龙头，马上迎龙祭天。凡迎到之处，倾盆大雨就从天而降，保住了一年的收成，老百姓得救了。从那时起，平望村一干旱，就到紫溪府祈龙求雨，民间流传"船夫好客龙王念"。据传每次求雨都十分灵验，人们从此就把紫溪坑的这口潭称为龙潭。

12. 盆塘村（支线 031-11A）

因村坐落于盆形的山谷中，故名盆塘。蒋坑村溪和鱼曹头村溪在盆塘村汇合流入柏峰水库。

13. 里城村（支线 031-06-6A）

里城村四周环山，村落似在城墙里面，故

名里城。有南岭脚、上里城 2 个自然村。

南岭山中建有将军殿，关于将军殿有个传说。相传：朱元璋落难于定力寺（原名棲霞寺），在定力寺停留一夜后，朱元璋离开定力寺，向东朝山盘方向行去，行到里城，在毛力坑口，遇到元将耶律帖木儿。此时，朱元璋倒十分镇定，义正词严告诫元将，元朝政治腐败，穷兵黩武，民不聊生，百姓生活在水深火热之中，我朱元璋举义旗反元，上应天理，下顺民心，何罪之有？你们苦苦追赶，无非想满足你个人的荣华富贵，今既相遇，我也就满足你的愿望，将我抓去请功吧！元将听了朱元璋义正词严、掷地有声的慷慨言辞，被打动了，拱手对朱元璋说："你走吧！"朱元璋又对元将说："将军既已认识到元朝气数已尽，何不弃暗投明？"将军说："食君禄，忠君事，古之已然。"朱元璋又劝告道："良禽择木而栖，良将择主而事，这也古已有之。"将军泣泪道："明主不必再说了，我既敢放你走，就会承担责任。"言毕，就拔剑自刎身亡。朱元璋掩埋了将军遗体，才慢慢离开。后来，朱元璋在金陵登基，建立明朝，年号洪武。在洪武二十九年，朱元璋为定力寺赠送匾额，改称"停力寺"，为纪念元将在毛力坑口建了"将军殿"。至今在将军殿旧址、碑字犹存。

14. 井潭村（支线 039-03A）

井潭村村旁有一池潭，深似井，故名井潭。村呈长方形，位于大枫坑和小枫坑之间的山顶上，村东南山岗上长了一棵古松树，人称"迎客松"。

15. 箬岭庙（主线 039）

箬岭庙建在义乌和永康交界处的小枫坑岭头。箬岭庙以东阳县箬岭村命名。箬岭庙建于何年何月，老百姓也记不清了，就知道这处庙特别灵，以诗为证："千年万年满堂春""新坐庙堂极极灵，坐下清官保太平"。

陈焕摄

16. 枫坑水库（支线 039-11）

枫坑水库始建于 1970 年，由原毛店公社管辖，2007 年 11 月 8 日除险加固扩容建设，2010 年 7 月 1 日正式下闸蓄水。

枫坑水库位于大枫坑与小枫坑交汇处，集雨面积 24.7 平方千米，其中石柱坑、羊印坑、马溪里、王坪等支流引水 7.7 平方千米，水库原坝高 33 米，正常库容 276 万立方米，2007 年开始除险扩容后水库坝高 68.3 米，坝长 280 米，坝型为钢筋混凝土面板堆石坝，总库容 1638 万立方米，扩大库容近六倍，是五座以村镇供水为主，结合发电灌溉、防洪等综合利用的中型水库。

春：人间四月芳菲尽，山顶杜鹃始盛开。
夏：山下骄阳似火时，满山遍野金针花。
秋：天高云淡秋风爽，登高远眺采野果。
冬：满山雾凇晶莹透，银装素裹这边独。

国际登山健身步道
International Mountaineering Fitness Trail
IMFT赤岸
赤岸探幽
TanYou

三、大寒尖路段节点

大桥
070-05B
莱山
064-05A
羊印
058-06
枫坑水库
039-11
天龙寺脚
058-02-3
慈溪岭头
064
天龙寺
058-02
石场口
061-01
杨盆
056-08
大寒尖
057
芭蕉坑
052-05
箬岭庙
039
丫溪
052-03A
棚户人家
054
大门里
047

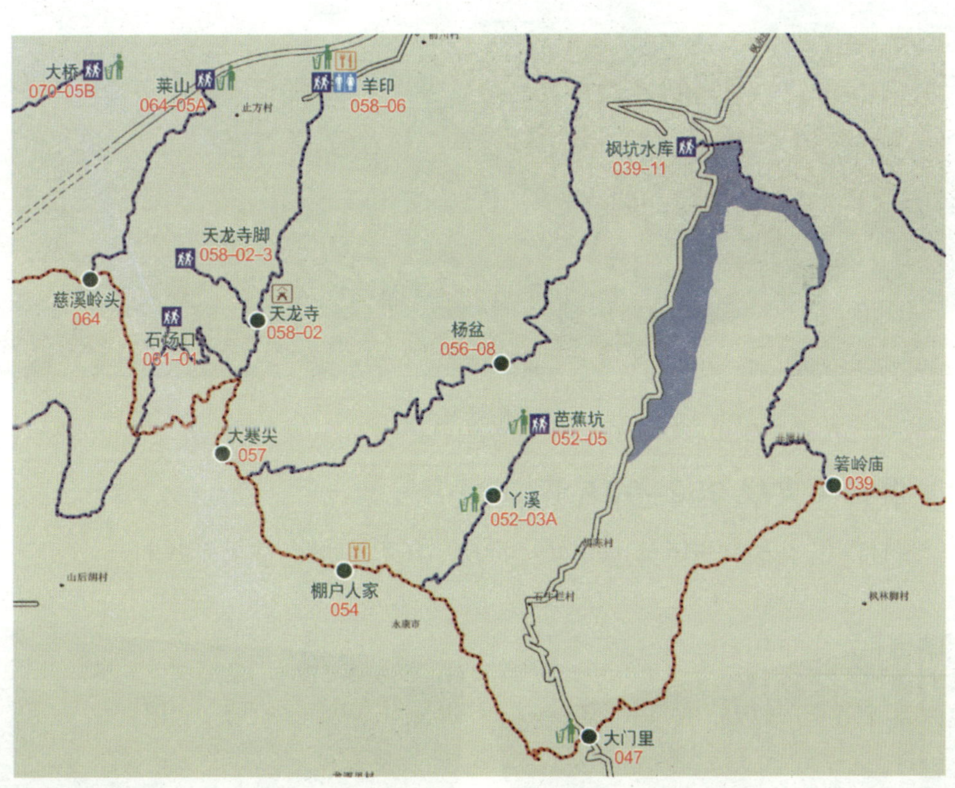

1. 大门里（主线 047）

因村落位于大枫坑尾部与永康交界处大门里坑中，村以坑名。村里有钉秤的传统。在电子秤普及以前，木杆秤是最重要最普及的称重工具。现在，使用木杆秤的人越来越少，钉秤技艺也逐渐失传。陈新康是大门里村非物质文化遗产代表人物之一。

大门里村航拍图

2. 丫溪村（支线 052-03A）

因村落位于西南两溪的汇合处，恰成“丫”字形，故名丫溪村。

3. 杨盆村（支线 056-08）

传先祖姓杨，定居于形似盆子的地方，故名杨盆村。位于义乌最高峰大寒尖山麓，杨盆村坐北朝南，村北有宽 2 千米，落差 200 米的天然屏岗，到了秋天，满山红叶，形成一道靓丽的风景，数浙江第一美景。

4. 塔山尖（支线 064-02）

据嘉庆《义乌县志》记载："塔山尖位于县南六十里，高 250 丈。"在前田庄西南，山顶有建塔遗址。

清溪半夜闻笛

唐·李白

羌笛梅花引，吴溪陇水情。
寒山秋浦月，肠断玉关声。

5. 大寒尖（主线 057）

据《义乌县志》记载：“县南六十里，山顶有池，四时不竭，春夏溢出为瀑布泉。”大寒尖海拔为 925.6 米，是义乌境内第一高峰。内有天龙山（地处义南极地，原始风景依旧）、关隘遗址、石车门瀑布，因“一水七折”形成“七泄”（大飞瀑，可与诸暨五泄相媲美）及天龙寺、金水牛石洞等景点。

与友游天龙石柱

朱店·朱旭明

探游兴致险更恬，雅友悠闲劲再添。
摄影终留存作古，高论趣题忝为签。
三生有幸兄和弟，八拜无忧赞与瞻。
巧雨天龙流瀑赏，晴空览胜恋仙砭。

石天门，拍摄于20世纪80年代初

6. 石天门瀑布（支线 058-02-3）

石天门瀑布：在义乌市赤岸镇止方村到慈溪村约 3 千米的“石天门”地段，悬崖石壁，上下落差约 167 米，30 级台阶，左边是大岩石，右边是壁直岩石，左右宽不足 0.7 米，石壁上方生长一棵松树，人称“迎客松”。松树从山崖岩缝中横向生长，像人的手臂伸展空中，形成天然的一扇门和“一夫当关，万人莫进”的险要地势。石天门瀑布就处在此地。它“一水七折”形成“七泄”大飞瀑，人称“义乌第一瀑”。

咏山羊

咩咩咩，
扭项向天歌。
白毛飘岩上，
乌蹄蹬山崖。

7. 止方村（天龙寺进口）（支线 058-02-3）

因村坐落于义乌、永康、武义三县交界处，紧靠方山，义乌辖区至此山为止，故名止方。

止方村

马脚蹄

8. 天龙古寺（支线 058-02）

据嘉庆《义乌县志》卷十八《寺观》记载："天龙庵，县南六十二里。"天龙古寺坐落在羊印村南海拔 700 米的天龙山上。据查天龙寺始建于明初，距今已有近 700 年历史。原天龙古寺是一座前后两幢，两面廊房相连中间天井四合

院式古寺院。前幢天王殿，后幢大雄宝殿，金身佛像，熠熠生辉。天龙古寺正门上的门匾长 1.7 米，高 0.6 米。"天龙古寺"四字浑厚朴实，落款为双溪朱约所书。

朱约，南直隶淮安府邳州（今江苏邳州）人，由监生洪武三十年（1397 年）授乐清典史。莅职之初，清案牍，除弊政，吏民悦服。邑父老共举其能，乃三

十五年（1403 年）升乐清知县。

中华人民共和国成立前后，羊印村周昌满在该寺院住持。天龙古寺虽山高路远，因寺前有虎头山，周围有鼓崖岩、莲花石柱，跌水岩及老鹰守天龙等胜迹而使香客游人长年不断。由于山高路险，“文化大革命”时期天龙古寺并未遭劫。

1968 年，羊印村因在天龙山修水库，把天龙古寺拆除。周昌满因此还俗回家。砌在天龙古寺大门上的“天龙古寺”石门匾被拿去安装在水库启闭机封口上，与寺址一起沉入水底。

2004 年，佛堂镇舟墟村的周文洪、施碧娟夫妻来天龙山披荆斩棘重建天龙寺。夫妻俩四处募捐，通过几年努力，在离原址 100 米处建造了丹溪殿及斋堂和厢房，接着又在天龙山后尖建造了财神殿一幢，而后又在芝麻坑建造迴归殿一幢，塑佛开光，大雄宝殿（刚上大梁）一幢，因故停建，致使所有庙宇成了半拉子工程。

2014 年，山塘水库进行除险加固，沉在水底 50 多年的“天龙古寺”门匾得以重见天日。

9. 羊印村（支线 058-06）

赤岸镇羊印村地处义西南边陲，大寒山脚下，东邻赤岸镇前川村，西面与止方村接壤，南、北靠山。村域面积 2.5 公顷。羊印村西南面有义乌最高点——大寒尖。半山处是下塘竹园风景区，天龙山水库就在半山腰，伴有天龙古寺。从羊印村步行至竹园途中，又可经过抵抗外敌关隘遗址、下水乌龟、棋盘石、金水牛等风景点，并且有几处山泉瀑布部于其间。瀑布水质清澈甘甜，乃是一人杰地灵、山清水秀的游览佳境。

市旅游局等领导考察天龙山景区

关于羊印村村名的由来，有这么一个传说，羊印村很早以前是永康叶溪坑柳姓一族的住所，村名叫柳村。有一天夜里，柳姓太公在睡梦中见一牧童牵着羊到溪边吃柳树叶，不一会儿又来了一群羊，也大口大口啃溪边的柳树叶，眼看柳叶都快要啃光了，柳太公慌忙去赶羊，可是总赶不走。柳太公大呼来人，醒来时才知是一场梦。第二天，柳太公把昨晚所梦原原本本地告诉他的子孙们，并说此梦是不祥之兆：羊吃柳叶，柳难成荫。这时，有村民来报，村前那块大岩石上，留着鲜明的羊脚印。柳太公更觉惊异，决定全族迁居。不久，柳姓一族便迁移了，这里后来由周姓人居住。周姓人定居后，人丁兴旺，丰衣足食，不到10年，便成了几十户人家的村子。村子也改称羊印。

10. 古城门（关隘遗址）（支线058-04A）

羊印、马溪里古城门，地处义乌尚阳，乃为古时候防御外敌的重要关口，素有“一夫当关，万夫莫开”之称，也被誉为“打长毛第一门”。清朝末期，由朱凤毛（朱一新之父）等乡绅带领村民所建。

义乌市遗存的古城门为数不多，赤岸镇就占了两座，羊印、马溪里关隘遗址颇为人所知。羊印古城门坐落于赤岸镇羊印村天龙山脚下，距羊印村约一千米，处在义南通往永康的一条古道上。该遗址建于清咸丰十一年，关隘东西向呈“一”字形叠筑，两端系巨岩，东边以峭壁为天然的屏障。为当时的乡绅朱凤毛组织民工所修筑，主要为防御太平军。据史料记载，太平天国军队从 1861 年（清咸丰十一年）7 月 7 日攻克义乌到 1863 年（同治二年）3 月 6 日撤出县城的一年零八个月中，除了打击地主豪强，骚扰民众现象也屡有发生。尤其是太平军在义乌南乡因战事失利后，官兵无纪律，民众遭残害，引起当地百姓强烈不满，斥之为“长毛”。

古城门始建于公元 1861 年，距今已有 150 多年历史，村民用肩挑人抬的原始办法，在山峡口处用大石块筑成一座长 41 米，宽 2.79 米，高 3.7 米的城墙，中央有拱门洞，门洞 2.79 米 ×2.9 米，东西两侧设二级踏垛。在城门第四级台阶上阴刻有“抵抗长毛而造”字样。城墙上方设置了“千斤蓬”，为防御敌人的机关 。“千斤蓬”利用本地藤条结织成网，网内装进大石块，并用藤绳系结起来，如有敌军来犯，当即割断藤索，大量石块沿陡峭的岩壁直泻而下，从上而下大块石头滚落，使敌军望而生畏，不敢向前，古城门是保护村民的重要关口。

古城门这里承载了义南廿八都一百多年的历史记忆，建筑保存完整。羊印、马溪里两座古城门，现在被称为义南廿八都最宏伟的古城门。古城门虽然已经失去了军事作用，但作为历史遗存，成为老百姓旅游的景点，古城门依然是建筑艺术杰作，2010 年被列入义乌市级文物保护单位名录。古城门一直默默守护廿八都大地，它已经成为当地的精神象征。

羊印关隘遗址

11. 高寿尖隧道（支线 070-06）

义武公路高寿尖隧道工程从 2013 年 9 月 8 日开工以来，交通部门和施工单位面对复杂的建设工程，对洞长和岩石坚硬复杂等情况，积极应对，攻坚克难，科学施工，最终攻克了义乌交通建设史上最长隧道的工程，历时将近三年，于 2016 年 6 月 21 日打通。高寿尖隧道全长 3980 米，双向四车道，为义乌最长隧道。

义武公路全长 29.34 千米，总投资 17.2 亿元，采用一级公路技术标准建设，路基宽 24.5 米，双向四车道通行，时速 80 千米。这条快速通道通车后，义乌至武义行车里程将缩短至 60 千米，行车时间 1 小时左右。原来义乌至武义行程 75 千米，车程一个半小时，且要从金华绕道到武义城区，经过省道上松线、330 国道。

义武公路快速通道也是浙中城市群中的重要通道，将使义乌佛赤公路、武义220省道上松线、330国道连接起来，形成较为完善的交通网络。道路通车后，将加强义乌市与武义县的交通联系，促进两县市及沿线各乡镇经济、旅游业发展，为减少 330 国道金华段的交通压力起到重要作用。美中不足就是没有把慈溪清洁的水源引到赤岸来。

12. 仰天坑高寿尖岭（808 米）（主线 065）

大桥仰天坑居高临下，万亩竹海一望无际，高一千多米，陡峭的崖壁，可以用“难于上青天”来形容。“仰天饭甑”风水处在陡峭的崖壁上面“凹”字形平地，面积约 330 平方米 。地理环境独特，长年雾气蒙蒙，人称为“仰天饭甑”，仙气天天像蒸笼蒸汽一样蒸蒸日上之意。

古寺村田毛坪自然村村民吴某某讲，“据父辈说，佛堂一盐商大老板，很有钱，看中仰天坑风水宝地，死后就葬于仰天坑”。传说，在悬崖绝壁，棺材用大麻绳吊上去，可以想象难度之大、工程规模之宏伟。

现在国际登山健身步道刚好经过此地，从慈溪岭头往西古寺村方向。仰天坑山头是大桥村与慈溪村分水岭，慈溪方向水流到武义县方坑水库，大桥村方

向的水流向义乌江，到金华婺江才汇合。“仰天饭蒸”就处在高寿尖，山底下600米深处，就是义武公路高寿尖隧道，全长达4千米，称江浙最长公路隧道。

13. 慈溪村（支线061–10）

此慈溪，非宁波慈溪，乃是义南廿八都慈溪也。位于永康、武义、金华交界的崇山峻岭之中，鸡鸣四县的偏僻村落。依山傍水的古村落，有一条溪从村中穿过，村庄沿溪两岸，700多人沿溪依山而居。全村大多数是凤林王氏迁徙定居而来的，至今有600多年历史。以“母慈子孝”故名慈溪。

深山峻岭有人家。慈溪古村落群山环抱，历史悠久，风景秀美，民风淳朴。一条小溪穿村而过，蜿蜒南去。大山深处的慈溪，古色古香，开门望山，抬头见绿，耳闻泉声，鸟语花香，泉水潺潺，仿佛是一处与世隔绝的世外桃源。

踏进村子，鸡鸣犬吠，炊烟袅袅，顿觉神清气爽。村中的房子大多是低矮的石屋土房子，高低错落，层层叠叠，依山而筑，且少有庭院，村内的路也不宽，曲曲折折，仿佛是一个幽深的迷宫。

美国公理会传教士阿瑟・史密斯在《中国乡村生活》中说:“在那遥远的，无法确定的年代，朦朦胧胧的过去，有几户人家从其他地方来到这里安营扎寨，于是乎，他们就成了本地的居民，这就是中国乡村。”慈溪沧桑无语，却见证了时代的风雨变迁。

在村子下游，依山傍溪处建造的王氏宗祠，三进三开间，为硬山顶建筑，其规模与格局不是很恢宏壮观，但却古朴庄严。王氏宗祠建于1928年，距今已有80多年历史。王氏宗祠正中有“郭伦堂”匾额，其寓意为“诚淳敦厚、

慈溪古村落

伦理有常”。郭伦堂柱子上有诗联云：“承前启后锐志图强耀宇风，继往开来追思报本兴旅运”，意在勉励子孙后代继往开来，把先辈的业绩发扬光大，再创新的辉煌。

清澈的泉水从大山深处走来。一路欢歌笑语，它蜿蜒曲折，穿村而去。横跨溪上有十余座小石桥，最具特色的是复兴桥，已有百年历史，长约 5 米，雄跨在村南溪流之上，坚固美观，历风雨而不废。复兴桥畔的一棵黑科楠古树已经生长了 280 多年。慈溪多古木，有百年以上树龄的古木 30 余棵，其中一棵四人合抱的红枫古木，树龄达 600 余年，可惜在几年前遭雷击枯死。村东的一棵千年古柏，枝叶茂繁，呈现出顽强的生命力，堪称是慈溪村的老寿星。

玉带般的泉水蜿蜒曲折，连续形成了龙眼睛潭、棺材潭、畚斗潭、米筛潭、龙井潭、龙肚潭、龙尾巴潭、龙头潭八个大小不等的深潭，称为“八仙潭”。这八仙潭沿着溪流一线贯连，碧绿如玉，仿佛是镶嵌在山脉深处的一条绿玉石玉带。每潭各具特色，多姿多态，留下许多美丽的民间传说。一潭绿水，倒映着溪两岸的绿树翠竹，是一轴天然的山水画长卷。沿着一溪碧流，突然出现一条腾空的巨龙在峡谷中穿过，这就是义武公路。欣赏完峡谷高架桥和八仙潭，再看看方坑水库高山平湖之美景，湖水清澈透底，像新泡的绿茶，清嫩可爱，绿得发出令人欢快的光，库水碧波荡漾，光彩四溢，与蓝天白云交相辉映，构成一幅天然图画。水面上不时有野鸭在戏水，忽钻水里，忽露水面，用那翅膀轻轻拍打湖面，掠起光粼粼的水波，泛起一圈圈涟漪，为平静的湖面增添一股活力。

方坑水库于 1970 年 10 月动工兴建。大坝为细骨料混凝土双曲拱坝，上下游两侧外露面为浆砌条石，坝高 80 米。在大坝下面往上看，大坝就像现代城市里的摩天大楼，十分壮观。两侧的山，特别是右侧的山峻峭挺拔，形成一个峡谷，凉爽的山风一吹，带着草木的清香，身上便有一丝丝凉意。左侧山体曲折步阶有 300 多级，由此气喘吁吁

地登临大坝。坝长不过百米，外弧呈“C”形，犹如一把长弓，把两边山紧紧连在一起。

慈溪村原本交通不发达，只有通往尚阳的一条主要道路，虽然时过境迁，但历史的痕迹依然刻画在这条小路上，路面上的鹅卵石油光发亮，向人们诉说着它曾承载着的马车人流不息的年月。有七八座建于光绪或宣统年间的“人”字形单孔小拱桥保留较好，字迹清晰可见，它静静卧着向人们倾诉历史的年轮。山路沿着小溪而上，小溪汇聚了山涧一涓涓泉水，它没有涟漪，也没有波涛，只有清澈明亮，淙淙有声，这声音宛若民间小曲，使人陶醉，消除了疲倦。与外界隔绝的慈溪，在漫长的岁月里是一个封闭、落后、贫穷的小山村。改革开放后，忽如一夜春风来，2014 年义乌、武义两政府投资二十多亿兴建义武公路，真正为慈溪开辟一条通道后。高寿尖隧道打通，慈溪的交通状况与生活方式将迎来历史性的突破和跨越，慈溪成了人们休闲旅游的好去处。

14. 老鼠梯岭（支线 67-04）

离慈溪村南 500 米，有一条去金华的曲径古道，其中有一段陡峭的山路名曰“老鼠梯”，由 118 级不规则的条石错杂垒叠岩石而成。是“难于上青天”的义乌“蜀道”。顾名思义，形容山道陡、高、窄、险，是老鼠才能攀爬的山道。沿“老鼠梯”上山，水声轰然，山道右边有一处 50 米落差瀑布，飞珠溅玉，蔚为壮观，故名老鼠梯瀑布。

师古坪村遗址

15. 古寺村师姑坪自然村（主线 069）

古寺村，有个很古老的寺庙（峰峦高耸，上接云霄故名齐云寺，又称齐云禅院。始建于唐朝，盛兴于宋代，衰于民国末年，民国前归属于义乌，今属于金东区管辖），村坐落在寺院附近，故名古寺村至今。由古寺、田毛坪、黄泥岭、师古坪等 4 个自然村组成，古寺 6 户，26 人；田毛坪 7 户，26 人；黄泥岭 4 户，21 人；师古坟 18 户，58 人。

古寺村落

16. 古寺水库（主线 071）

古寺距离义乌城 50 千米，位于义乌最南端与金华、武义交界处，海拔 600 多米的云雾笼罩的山顶上，集雨面积 1.648 平方千米，高山平淹，是从高山岩石缝中、深山密林流出的泉水，属义乌海拔最高的水库。

古寺水库于 1958 年 10 月破土动工，挖清坝基。但因当时两派人的思想斗争非常激烈，部分人认为要想在古寺山顶建筑水库，那是天方夜谭、异想天开，绝不可能，再加上另外种种原因，因此在挖坡、清坝基中途停工。到 1969 年，那时正是“大跃进”，金华也准备在离古寺 1000 米外把水拦腰截断建筑水库。如果金华动工，义乌就不能再建，当时就有许多农民提出：“金华人能做，我们义乌人为什么不能做？古寺水能流到金华，为什么不能倒流到义乌？金华有经济，我们义乌也有经济。”群众呼声强烈，尚阳公社革委会、政府认为条件成熟，机不可失，时不再来，党政领导反复研究，成立了古寺水库建设指挥部，筹建古寺水库落实建筑过程计划和操作方案，充分发动全公社社员群众齐参与，建筑古寺水库大会战打响了。

在建筑大坝的同时，还有一条 371 米长引水隧洞要打通。因为这个水库地形特殊，如果水从泄洪道流出，水就会流到金华，所以要使水倒流，就必须从

古寺水库

水库尾部穿过山洞流向义乌，尚阳乡1万农民，5万良田和旱地就能旱涝保收。但开凿隧洞困难重重，一是工具落后，只有锤和凿；二是洞内安全设备差；三是缺少技术人员。为了赶速度、赶时间，在打隧道过程中不分白天、黑夜，一天24小时连续作战，整整花了一年零一天，终于打通引水石门山隧道，每年就有200多万立方米的水流到尚阳公社。

经过10年艰难奋战，1980年10月水库工程终于竣工。一座蓄水260万立方米，集雨面积1.648平方千米，大坝高30米的水库屹立在山顶上，一个特殊型水库终于建成。根据引水道从陡峭山崖直泻而下的有利条件，利用古寺水库300米高的落差，建成了浙江省落差最高的古寺水库发电站。水通过发电后再灌溉农田，因为引水冲力大，每两方水可发一度电，一年可发电80万度，称中国之最。功在当代，利在千秋，也充分体现了尚阳劳动人民的智慧和力量。

艰苦奋斗 石山低头

在义乌县尚阳公社的石门山，有一个「征天隧洞」，隧洞全长三百七十一米，高阔各二米。这个隧洞的凿通，迫使古寺水库西流水乖乖往东流，灌溉着尚阳公社的大片水稻田。这项工程，是尚阳公社的四十五名贫下中农社员，在毛主席革命路线指引下，学习大寨人，发扬「自力更生」，「艰苦奋斗」的革命精神，仅用一年的时间凿通的。

石门山高达一千多米。要在这里打隧洞，有人就怀疑：石门山，石如钢，山高岭长，隧洞何时能打通？广大贫下中农却坚定地说：「愚公能移山，我们敢打洞。用毛泽东思想武装头脑，靠群众的集体智慧，石门山就是一座铁山，也要把它戳个窟窿！」在公社党委的领导下，一支由四十五名贫下中农组成的劈山打洞突击队很快就成立了。在公社党委副书记和共产党员毛金锁的带领下，登上了石门山。

……「自力更生」「艰苦奋斗」的八个大字写在山崖上，割草搭草棚安了「家」。不懂技术，他们就自己组织勘测组，实行领导、群众、技术员三结合，在实践中慢慢摸索。

凿隧洞的战斗一打响，困难确是很多。特别是当隧洞凿进到二百二十多米时，遇上了硬得出奇的岩层。一锤打下去，火花一冒。十根钢钎打钝了，只打进了四公分。但是，岩石再硬，磨灭不了贫下中农的坚强革命意志。他们豪迈地说：「困难是石头，革命意志是锤头，飞锤打钢钎，困难就低头」，大家抡起十二磅大铁锤，越干越有劲。在高阔各二米的隧洞里，几根钢钎同时打，使钢钎穿过了硬石层。就这样，四十五位贫下中农，用「蚂蚁啃骨头」的精神，一锤一个印，终于打通了隧洞。

征天隧洞胜利打通了！古寺水库的西流水潺潺穿过征天洞，哗哗流进了尚阳的土地。尚阳公社人民「脚踢石门劈开路，手牵西水回家乡」的宿愿，终于实现了！人们纵情欢呼农业学大寨运动中的这一丰硕成果！

（毛斌）

原刊于1972年8月14日《浙江日报》第二版

17. 征天隧道（主线 070）

征天隧道，全长 371 米，高宽各 2 米，这个隧道的凿通，迫使古寺水库西流的水乖巧地往东流，灌溉着尚阳大片农田。这项工程当时由尚阳公社组织专业突击队实施，在海拔 800 米的山上，由毛金锁带领 45 名民工，“自力更生，艰苦奋斗”，历时 366 天（一年零一天），平均一天一米，堪称“古寺”速度，凿通石征天隧道，西流的水终于向东流了，流传“金锁到此水东流”。

（注：毛金锁，筹建古寺水库常务总指挥）

赞古寺水库

尚阳　毛协松

（刊75年12月革命文艺第8期）

千米山峰平湖开，
公社山川添色彩，
渠水哗哗保丰收，
社员喜泪挂满腮。
忆往昔，
山区缺水多灾害，
山头无荫鸟不来，
百姓缺水难活命，
土地没水苗难栽。
盼水盼了千百载，
盼得爷爷头发白。
看今朝，
艰苦创业学大寨，
穷山恶水面貌改，
库水清清群山抱，
前溪后渠浪花开。
北渠越坳穿过崖，
南渠盘山又过寨，
浇得麦苗迎人笑，
浇得树林满山翠。
满山翠，红花开，
家家明珠放光彩，
放光彩，望天外，
渠水源头中南海。

18. 齐云寺（支线 071-10）

峰峦高耸，上接云霄，故名齐云寺，又称齐云禅院。始建于唐朝，盛兴于宋代，衰于民国末年，民国前归属于义乌，今属于金东区管辖。

维摩座遗址

齐云寺遗址

瀑布石

过岭崎岖入梵宫，
惊看瀑布挂长谷。
倒垂万缕拖飞练，
界破层云泻白虹。
殷殷怒雷雄触石，
纷纷急雨洒随风。
酕醉里朦胧酗眼，
竟说青天有路通。

清·朱应芳

19. 五指山灵峰（支线 056–15）

赤岸镇朱店村五指山，南面有成片树林从石缝钻出长成参天大树，还有郁郁葱葱的毛竹林，北面有 40 万平方米茶园。五指山因山势有五个峰，如五指探天，形象逼真、气势宏伟而得名。据嘉庆《义乌县志》记载："五指山县南七十里，在廿八都，俨然一只手掌，势若探天，南向皆岩，高耸壁立如削成。北向五指分明，中指间有石洞，俗名虎祠。"五指山自然景观秀美，是义乌第一批公布的森林公园之一。站在葫芦塘拍五指山倒影，五指分明。中指与无名指之间手掌部位，土地肥沃，有千亩竹海，郁郁葱葱；山南侧是山中有山，山重迭起，天然奇石、老虎祠堂、石屋、石镜、石钟、石鼓等镶嵌其中，木荷、青栎、枧七、枫树、红壳等树木从石缝钻出长成了参天大树。

昔日应乡亲请求，由朱店村籍朱恒清将军撰写，丁大公大师刻"灵峰"两字刻于三公三婆岩壁石上，单体字高 2 米，与李坑水库交相辉映，山影倒挂水中，风景如画，成为一道新的风景线。朱恒清，号心远，男，1926 年生于朱店村。现任台湾中华书道学会第五届理事长，在台湾书画界具有很高的知名度和影响力。

五指峰灵秀之气，远近闻名，而其灵脉、灵气之显扬，有人杰地灵福地之微象，故赞其为"灵峰"。朱老寓意乡亲如能对其敬之仰之，子子孙孙必将后福无穷也。义乌新摩崖刻石在五指山出现，将为义乌新增一处旅游景点。

马溪里关隘遗址

20. 朱店村（支线 056-15）

朱店村位于义乌市南部，东与毛店村接壤，南临五指山与马溪前川相邻，西靠尚阳村仅一溪之隔，北依后架山与三丫塘相接。村域面积 4.8 平方千米，居有 600 多户，1500 多人。

朱店村落依山傍水、交通便利、村居平坦。清嘉庆《义乌县志》记载:“五指山，在廿八都，俨然一手，势若探天，南向皆岩高耸，壁立如削成，北向五指界限分明，中指尖有石洞。”朱店《栖凤堂记》中记载有南山八景之誉，即“凤林胜概、羊迹仙踪、天龙瀑布、五指奇峰、莱寺晨钟、南山齐雨、后溪春水、三山晚烟”。民间流传“大旱年景有三分收，战乱年份有藏身处”之说，马溪里、羊印关隘遗址，两处是躲避战乱时建，遗迹至今保存完好。朱店村就坐落在五指山傍，声闻溪绕的山川小盆地，盆地中突起一座小山——凤林山，它高不过百余丈，但却藏风得水，灵气四射。据《凤林王氏宗谱》记载，宋朝王彦超于 983 年迁徙定居凤林乡，（据《凤林王氏泉谱序》:“惟彦公自会稽而徙居婺之乌伤凤林折桂里东山之阳水月塘泉焉。”）而后在王村发祥。因其独特的地理环境，诱惑了毛、胡、朱、张、方、郑等多姓氏聚居，后以朱姓为多，遂改名为朱店。

五指山

义乌十大名人之一朱一新，就是朱店人，他与胞弟朱怀新于同治庚午同登本省举人，钦赐“兄弟同科”匾额，声震全国，后朱一新考中丙子科进士，朱怀新考中己丑科进士，又获赐“兄弟进士”匾额，传为佳话。朱一新是广东岭南学派创始人之一。

21. 朱店朱宅

朱一新、朱怀新故居位于义乌市赤岸镇朱店村，建于清光绪年间，坐北朝南，分一座门楼和两个四合院，各有 18 间，总占地面积 1400 平方米。因门楼龙凤版上题有“大夫第”三字，故称其为“大夫第”。

朱一新（1846—1894 年），字蓉生，号鼎甫，义乌市赤岸镇朱店村人。自小聪慧，5 岁从师识字。光绪二年（1876 年）中进士，先后任翰林院庶吉、散馆、编修。他在京供职时，利用业余时间收集资料，实地考察，广征博引，历时 15 年写成《京师坊巷志》，又潜心研究《汉书》，写成《汉书管见》四卷。光绪十一年（1885 年）因上书揭露李莲英恃宠而骄得罪慈禧，上表回乡。光绪十三年（1887 年）应两广总督张之洞邀请，在广东肇庆端溪书院任主讲，1889 年又移任广州广雅书院“掌教”（校长），五年后去世。广雅书院即今中山大学前身。

朱一新精通经史，博学务实，一生爱国忧民，正义刚直。《清史稿》445 卷有记载。他的遗著合编成《拙庵丛稿》16 册。另有康有为编《朱一新论学文存》存世。

朱一新的故居在朱怀新故居北侧，隔一条石子巷，学堂名“约经堂”。院落通面阔 32.45 米，通进深 20.7 米，为前后两进三开间，左右厢房各 6 间的廊式四合院。占地面积

为 672 平方米，建筑为硬山顶，两层重檐，前廊一层用抬梁式结构，其余皆为穿斗式。厅堂明间设井口天花，出檐用牛腿，二楼前檐用直棂窗，以细的圆形钢筋做棂条（檩条）。朱一新故居内外檐装修精致典雅，厅堂大额枋雕有夔龙纹和折枝花卉；次间隔扇门、窗户用产自广东的木棉板，用浮雕雕出菱花碗花及折枝花卉；裙板采用烫漆工艺镌刻名家字画；东西廊还安装了落地花罩，镂空雕有玉兰花和如意祥云。书房内外隔扇墙上镌刻有 8 幅清代书画家题赠的书法作品和 8 帧朱一新自己创作的书画，上有竹、兰等图画和他自己在画上配的诗文，并押有“一新”的方印。更奇的是南北门板雕刻为蓝色，东西门板雕刻为黑色，至今还是一个谜。

朱怀新（1850—1898 年），朱一新胞弟，光绪十五年（1889 年）登进士，历任主事、知县、知州。朱怀新故居门楼为屋宇式，位于整组建筑的正前方，系供来宾休息等候之处，设砖细门头，开石库门，镌刻有“大夫第”三个字的青石镶嵌总门墙上。穿过宽阔的天井，即为一两进三开间，左右厢房各 6 间的前廊式四合院。此即朱怀新故居，堂名“葆真堂”。院落通面阔 25.5 米，通进深 26.45 米。大门为“一”字形随墙式石库门，砖细门头，正吻鳌鱼，龙凤版上题“经锄小筑”四个楷书，两侧砖雕为松、梅、瑞石图。大厅为二层重檐屋面，前檐设廊，用井口天花，明间前檐额枋下为 6 扇屏门，后檐敞开，前廊一层用月梁，余皆用穿斗式。出檐用牛腿，雕刻有福寿双全、狮子戏珠等图案，次间和厢房的隔扇门雕刻极为精美。

朱一新、朱怀新的故居是义乌市现存古建筑中最具有书卷气息的官绅建筑，2014 年，“朱店朱宅”被列入省级文保单位名单。

朱店大夫第

22. 凤林文化园

2016年秋，朱店村两委、凤林王曲江宗祠、浙江凤林教育基金会借义武公路开通之际，规划创建了朱店村凤林文化园，占地 6500 多平方米。凤林山就坐落在五指山旁，声闻溪绕的山川小盆地，盆地中突起一座小山，因传说曾有凤凰栖息啼鸣故名凤林山。据《紫阳朱氏宗谱》记载，凤林山上建有凤林亭，并由王祎撰写《凤林亭记》。为弘扬朱店村历史文化，在凤林山顶重建了凤林亭和凤林碑。凤林亭高 9 米，凤林碑宽 6 米，高 3 米。正面碑文为凤林王氏第十六世子孙王祎所撰，并由王氏第三十五世子孙王宏理书写。反面刻有“江南望族，海内名家”字样。规划中的凤林文化书院、登山游步道正在筹建之中。

23. 大桥村（支线 070-05B）

据传曾有一位神仙用伞柄背来一块很大的天然石板，横放在村子东南边的一条小溪上，架成一座桥。桥又在村庄的附近，故名大桥村。村庄由岭干、王里塘、里坑等自然村组成。村东有古樟树群形成风水塍，村西口生长着树龄300 多年的黄檀树，每年端午节有泼水习俗，大桥泼水已被列入“赤岸镇十二景”。

进村要经过风水塍，12 株 500 年树龄的古樟矗立着，在春光下郁郁葱葱。古樟树记载着关于这些古樟树和村庄的历史，瞬间把时空拉回到久远的年代，在远处看不到村子，过了风水塍才能看到村子，称为“林在村中，村在林中”。

大桥村的泼水节来源于民间的“水龙会”。早在 20 世纪初期，防火意识很强的大桥村，老百姓就办起水龙会，成立了一支义务消防队。这支队伍招之即来，来之能战，每年到了端午节这天，消防队都要进行消防演习。演习的时候，

除了参加演习的消防队员外，还有不少村民在场地边围观。演习中，一些围观的村民难免被淋湿了，但是，被溅湿的村民不但没有怨言，反而觉得这是一件吉利开心的事，有的还拿来脸盆加入了灭火演习行列，有些爱开玩笑的村民还把水泼向他人……就这样，你泼我，我泼他，慢慢地形成了一个有义乌特色的泼水节。

近些年来，大桥依托本地丰富的人文资源和自然资源，以新农村建设和美丽乡村建设为契机，重点发展乡村旅游产业，推广赤岸旅游文化。端午节大桥泼水成为精心打造的“赤岸十二景”之一，一定程度上带动了赤岸的旅游业发展。许多人在参加泼水活动后，就会到隔壁莱山村参加滑草或漂流活动，以及到附近的山盆村采摘杨梅。许多市民还会在赤岸的农庄用餐，给赤岸农家乐带来了商机。

大桥村的泼水节有七八十年的历史。每年端午节，村里的男女老少和慕名而来的游客通通上阵，水桶、脸盆，甚至锅碗瓢盆全成了“最犀利武

器”。尖叫声、欢笑声、求饶声，声声入耳。广场上，全民酣战，大家都成了“落汤鸡”，就连主席台上的领导也集体遭遇“湿身”。这几年来，参加大桥泼水节的人越来越多，人数已超过 3.8 万人，上千人在泼水广场打水仗的场面也蔚为壮观。泼水节的“主战场”位于大桥村中央的泼水广场，附近小溪里的水源源不断地被抽到面积达2000多平方米的泼水广场里。整个广场变成一个游泳池，溪水漫到膝盖处，只要一弯腰就能舀起一脸盆水。上千名游客和当地村民在泼水广场中嬉闹成一片。这水是祝愿、是祈盼，是吉祥之水、幸福之水。为保留和传承这种快乐的心情，也为发展旅游业，大桥村设立泼水节，每年端午节如期举办。

24. 莱山村（支线 064-05A）

此莱山，非山东烟台莱山，乃是浙江义乌廿八都南乡莱山也。莱山盛产茶叶，又称为“茶乡”。旧载“县南七十里，高二百五十丈，群山自远来，至此而止，故名莱山”。莱山村前面是山，后面是山，一望无尽的高高群山，一条弯弯的麓溪从白村前淌过。莱山村因山而名，以佛而兴，是省级历史文化名村。初冬时节，莱山村正火热地建设乡村文化礼堂，以国礼为主题的耕读礼堂初具规模。莱山村坐落于义乌市赤岸镇最西南端，在村前小溪旁有一排高大挺拔的迎客松古树和几棵千年古樟树，俨然像是在这里等候着每位过往路人到来。要进入村庄内，首先要经过溪旁的几棵古樟树下，醒目的“国礼之乡”牌坊树立在桥头，进入村里就像走进江南小桥流水，古有古的韵味，新有新的风格。看到了这里山清水秀，风景优美，村庄内环境整洁，一处处耕读文化景点和低矮徽派特色的白墙青砖黛瓦古建筑群，高低错落，相映耀眼，令人感觉十分舒心。

据《紫阳朱氏》家谱记载，此地是南宋朱熹后裔居所，村内有700多人口。朱氏在莱山已有800余年的历史，莱山村历来有许多不被人所知的传奇故事。

葛洪与莱山有一段因缘，传说葛洪牧羊曾路过此地，羊在村旁的麓溪饮水，侧石闭（堰）的岩石上，还留下许多清晰可见的羊蹄痕迹。据《义乌县志》记载："莱山侧石上，有羊迹十余；如印泥中，深半寸许，不类刓刻。"村内许多地名与羊息息相关，如："羊岭坑""羊岭头""羊岭""羊岭岗""羊岭窄""羊印石""羊印""羊印坑""羊印山"等，从地名来考证，跟葛洪的《神仙传》是吻合的。

走到村中央，便能看到一座已有280余年历史的朱大华公祠，祠堂门前植有两棵直径0.9米粗的硕柏树，两棵树是"一雄、一雌"，如同一对相濡以沫的夫妻，已是千年古树了。祠堂门前原先很空旷，一望群峰，一眼可以看到大寒山尖。祠堂内建筑风格虽比较普通，但村两委领导弘扬朱熹理学文化，创办孔孟讲坛，打造了义乌市首家国礼文化礼堂特色村。"君子成人之美，不成人之恶""不以规矩，不能成方圆"等名言挂在墙上。

再说莱山村内最大的池塘（王宅塘）。池塘水很清晰，配有廊亭在塘面上，周边是一排排的古民居，这也成了村内最亮丽的一道风景。据《凤林王氏家谱》记载：右金吾卫上将军，邠国公王彦超次子王敬二公墓地就在莱山村的馒头山脚谷坪。莱山村最先是王氏人居住过，已经有1000多年了，宋进士王固、明钦使王祎就出生在莱山村。在王宅塘北面上方，沿着小巷而上，看到了一幢排五两厢的老房留存着，可惜已是残墙断壁了，墙外布满了青藤，据老年人说，上屋就是王祎的旧居。村两委正与上级文物保护部门商量修缮故居，缅怀王祎为国家统一大业血洒云南，慷慨就义，舍身捐躯的民族英雄事迹，为教育后人，提供一个教育的精神家园。

25. 莱山寺

据《义乌县志》记载：莱山寺始建于梁朝年间，由印度达摩开基建寺，是金华市最早的寺院之一，至今已有 1500 余年历史。莱山是以村命名寺，还是以寺命名村，现已无法考证，反正莱山村早就是与佛有缘。

在莱山，还有一座用莱山村名命名的古刹，据义乌《傅大士集》卷四附“嵩头陀法师”传和嘉庆《义乌县志》史书记载，嵩头陀渡江后，并没有马上去莱山，而是先到稽亭塘，遇见了傅大士，点化大士，指点修道之所后才去莱山，建莱山寺。“南至稽亭下，见大士沂水求鱼，因发大士神妙之迹，并示修道之所而去。行至莱山，当紫去盖处遂止，而立精舍于其山顶，号称莱山寺。”“留铁鱼磬而西，至龙邱入灭。”

传说嵩头陀达摩离开香山寺，南行至金山，江水暴涨，艄公不肯摆渡，嵩头陀达摩于是布伞水上，手持铁鱼磬截流而渡，后又将铁鱼磬留在莱山寺，“乃留住铁鱼磬。而铁鱼磬者，以铁为之状似鱼形，此寺晨昏至今击之。”这是目前有关铁鱼磬在中国最早历史记录。师傅持铁鱼，那徒弟学样则持木鱼。铁鱼磬属于佛门重要的法器——木鱼的雏形，莱山寺是中国最早使用木鱼的寺院。虽经历了千年兴衰沧桑变幻，古刹不曾留下痕迹。为弘扬中国传统宗教文化，温州商会捐资助款重建了一座规模宏大、气度非凡、布局革新的圆通宝殿，由原全国佛教协会会长南怀瑾先生亲笔题写两块牌匾。重新焕发出它悠远厚重的佛教文化。这里不仅是人们开展宗教活动的场所，而且是环境极佳的风水宝地。四面环山，又有座人工修建的水库，空气怡人，是宜居养生的“世外桃源”、天然氧吧、净地。可见莱山真的不仅是人们眼中所见到的村，还是一个文化底蕴很浓厚的古村落。

“虽然它们是小说，书中许多事件却是真实的。当然这些事件并非发生在一个人身上。我只是把一些事件移植、集中到某个小说人物中。”

朱师志出生于1940年，看那双粗壮的手，根本不像握笔杆子的，而像握锄头的。加上结实的身躯、略微黝黑的脸庞，谁也无法把他与写出 90 多万字、两部小说的文人挂上钩。

朱师志写出的两部小说是《强农奇冤》与《绿叶，轻轻飘落》。

《强农奇冤》与朱师志

朱师志的《强农奇冤》成稿于1999年，2000年12月出版面世。这部43万字的小说，朱师志毫不隐瞒：“《强农奇冤》是以我自己为原型的。”它是泪和着血写成的。

1959年夏天，朱师志考入义乌师范学校。这对于莱山村绝对是一个新闻：地处义乌、永康、武义、金华四县交界的偏远山村出秀才了。那一年，朱师志20岁，对未来充满向往，期望能够学业有成，为国家为家乡做点贡献。

然而，谁能预料到，三年后，朱师志竟然被牵连到一宗大案中！它彻底改变了朱师志的命运。

20世纪五十年代末、六十年代初，我们国家遭遇三年困难时期，全国经济十分困难，生活十分艰苦。朱师志和正处于青春年少的同学，慷慨激昂，讨论如何发展粮食生产的计划，建议“耕者有其田”。他们准备将建议书寄到中央，希望引起中央重视；同时，酝酿着组织一个“强农计划”，发展农业生产。

临近毕业，同学们接受组织分配，各自走上了工作岗位。朱师志到省当了一名老师，从事教学工作。其爱人傅冬琴则被分配到浦江县的一所小学当老师（当时浦江县与义乌县同属一县）。

谁知，风云突变。1966 年，朱师志的一个同学被揭发成为所谓“同盟党”的发起人，曾经讨论过“强农计划”的朱师志自然受到牵连，成为“同盟党”成员。

一时间，共 350 多名朱师志认识的和不认识的人被揪成所谓的“同盟党”成员。朱师志的爱人傅冬琴也因此牵连被开除工作。这个案件，成为义西南一带的“强农奇冤”，震惊八婺大地。

经过多方申诉，1969 年 1 月，朱师志获得平反；再经过 4 个月的审查后，数百名群众也被平反。1971 年，朱师志的爱人傅冬琴恢复工作。但朱师志却没有能够重新走上工作岗位，而是回到莱山村当了农民。后来，他成为一名民办教师，教书育人。

案子虽然得到平反，但是，朱师志内心受到强烈刺激。他决心拿起笔，把这个案子写下来——以警示后人！朱师志认为，唯有吐露出来，凝结成文字，让文字的流水冲刷历史上曾经的丑恶，才不至于沉渣泛起，才能让善良激发出美丽的浪花。

1982 年，朱师志拟定了提纲，着手撰写以自己为原型的小说《强农奇冤》；18 年后，《强农奇冤》正式出版。

锲而不舍铸长篇

谈起《绿叶，轻轻飘落》，朱师志坦率地说，“我几乎已经放弃这本小说的创作了。”在这本书的后记中，他写道 ：“曾几度辍笔。”因为，朱师志在撰写第一部小说《强农奇冤》时，手写成“痉挛”，握不住笔了。

但是，朱师志仍然把这部小说完完整整写出来了！凭着坚韧不拔的意志，凭着一份“以铜为鉴正衣冠，以人为鉴明得失，以史为鉴知兴替”的情怀。他说 ：“倘若人们茶余饭后笑谈古今中能给后来者些许启示，也就不枉数载提笔了。”

为了撰写《强农奇冤》，朱师志可谓历尽艰辛。1982 年，朱师志拟好提纲后，相濡以沫的爱人傅冬琴因为一次医疗事故，不幸离开人世。当时，朱师志才 42 岁。

这时候，朱师志的三个儿女尚未成人。迫于生计，朱师志不得不放下手中的笔，到上虞一家服装企业跑供销，挣钱养育儿女。然而，对于《强农奇冤》，朱师志难以释怀。无论出差到哪儿,朱师志都带着他的《强农奇冤》提纲以及正在撰写的手稿。由于经济不宽裕,朱师志将自己的小说文稿,一个字一个字全部写在早年收集的空白备课笔记本上。

朱师志说,从1969年平反到2000年《强农奇冤》出版,自己心中最牵挂的就是书稿了。每次外出,他都会留心收集相关资料,以便准确把握时代背景。期间,朱师志还认真研读了一些经典小说,提高文学素养,并从中学习写作技巧。至动笔时,朱师志有关资料笔记就做了数十万字。

1990年,儿女长大成人。夜深人静时,恰是朱师志挑灯夜战、奋笔疾书的时候。而每当灵感涌现之时,哪怕半夜三更,他都会猛然起床,记录下来,以便第二天写成一个比较完整的章节。在写第二本小说《绿叶,轻轻飘落》的时候,同样是这样。不过,第二本小说写作时,多亏现在的妻子范兰仙的帮助。因为,写第一本小说把朱师志的右手写坏了,拿筷子都夹不了菜。

《强农奇冤》,朱师志一共写了五稿。第一稿写成了,不满意,修改了一遍,重新抄录了一遍;第二稿,又修改抄录了一遍……到1998年6月,朱师志以惊人的毅力完成全书写作。全书共75万字,抄抄写写的文字超过300万字!他没有想到出版,只是到城里找了家复印店,将书稿复印三份,准备交给三个子女保留,自己则保留原稿。义乌市文联一位领导获悉后,鼓励其将《强农奇冤》出版,并提出修改意见。朱师志于是又修改抄录了一遍,将篇幅压缩至43万字。

《强农奇冤》得到了社会各界的好评。义乌市政府给予了1万元奖金,予以表彰。朱师志受到鼓舞,开始构思取名为《青山作证》的第二部小说。然而,写到8万字的时候,他实在受不了手指的痉挛。2004年,朱师志停笔了。但是,朱师志心有不甘,中途写写停停,写到2008年时,已经写成25万字。

因为找资料,朱师志认识了《义乌市志》编辑部主编吴潮海。听了朱师志关于《青山作证》小说的故事梗概,吴潮海鼓励朱师志买台计算机请人帮助把书写出来。于是,朱师志买了一台手写板计算机,自己口述,妻子范兰仙书写,于2013年底完成了《青山作证》全部书稿。2014年完成修改。2015年出版时,书名改为《绿叶,轻轻飘落》。

是“文学梦”,更像是乡村“春秋史”

两部小说的出版,与其说是朱师志在实现他的文学梦,不如说他在撰写当年特定背景下农村社会各种小人物的“春秋史”。一位不曾经历过那个年代的读者,读了《绿叶,轻轻飘落》后在微信上说:“我含泪读完了……”然后,这位读者问朱师志:“是真的吗?”

“你知道,小说是小说,事件往往可能是真实的。因此,许多人物是有原型的。”

朱师志告诉那位读者，“我其实并没有想当作家。我只是太想反映那个时候的小人物的生活、命运和事件”。

大寒尖，义乌第一高峰，莱山村就在大寒尖山下。据说，李白那首《半夜青溪闻笛》里说到的“寒山”,就是这里的“大寒尖”。诗曰:“羌笛梅花引,吴溪陇水情。寒山秋浦月，肠断玉关声。”如果李白描写的地方，真是义乌的大寒尖，那么，谁能够想像得到，山脚下曾经上演过“肠断玉关声”的剧目。

《强农奇冤》以朱师志自己为原型，叙述了“同盟党”历史事件以及与之相关的人物的故事。《绿叶,轻轻飘落》则把虚构的人物,放置在剿匪、土改、抗美援朝、整风“反右”“大跃进”中……

吴潮海在为《绿叶，轻轻飘落》作的序中写道：“运用现实主义方法，真实记载历史，还历史本真是这部小说的最大亮点。”这部作品“家史与国史彼此缠结，个人命运与时代律动相互激荡”“写出了小人物生存中的酸甜苦辣，展示了那个时代的人生百味和社会众生相”。这些特点，不正体现着乡土气味浓郁的本乡本土的春秋吗？

世事沧桑，岁月流逝。生于斯、长于斯的朱师志，留在脑海里挥之不去的依然是那些独特的生活片段，炽烈深沉的乡土之恋。心中似有激流涌动，感慨、悲壮、遗憾的情愫始终包围着、撞击着，心绪难以平静。虽然这两部小说被誉为“震撼人心的地方史诗”，但是，这一切对朱师志来说并不重要。

翻开十五六年前《义乌日报》《西湖》等报刊对他的报道，朱师志谈起了写小说的真实意图：“我把那一段历史的点点滴滴编成故事，就是想告诉大家，要以史为鉴，不再重演。”在《绿叶，轻轻飘落》的后记中，朱师志写道：“我终于颤颤巍巍地拿起笔，把一些惊天动地的创举和一些平淡无奇的凡人琐事进行再现。”

“再现，为的是不再重演。”朱师志的眼睛湿润了。

商报记者 方星梁

通讯员 姒英

朱九龙传

朱九龙（1535—1566 年），字伯云，号印泉，赤岸镇莱山村人。嘉靖年间，东南沿海倭寇猖獗，戚继光来义乌招兵，朱九龙从征，在平倭战争中屡立战功，授金华守御所千户赠指挥佥事。

一、起因

佛堂镇倍磊片区之“八保山”，古代因该地区的行政划分属义乌县第八保，山故以名。

嘉靖年间，永康盐贩子施文六来该地区走街串巷贩卖私盐，从百姓言谈中把“八保山”误听为“八宝山”。于是，他私下进山察看，只见该山周边一带的浅(低)山中，其砾石上面均沾有银白色的薄膜，认为这是白银，而且含量丰富。因而他回乡后，煽动方希六等一批与他一样招摇过市的盐贩子及当地的地痞无赖 90 余人从枫坑潜入八保山中偷偷挖掘矿石，被当地村民发现，报告平望、倍磊两地豪门、宗族。于是，倍磊的陈大成、平望的宋廿六等聚族商议对策，决定率族内子弟进山驱赶。施文六、方希六等人率队反抗，结果被陈大成、宋廿六所领的乡党驱散，并擒为首的方希六、吕廿四等 14 人解县衙发落。县令赵大河是个慈祥长者，认为都是邻县村民，以“八保山”之“保”字对他们解释，指出他们的不轨行为有伤睦邻亲谊，鼓励他们走正道，守正业，然后即放他们回去。

二、护矿

然而，施文六等人不思悔改，反以为义乌县令软弱可欺，回去后大肆宣传“八‘宝’山”银矿挖掘之巨利，煽动上千人，在他的带领下，于嘉靖三十七年(1558 年)六月十九日，明目张胆地进驻八宝山，金、周、谢等人竖红旗于山上，表示他们是在为国家增加课税而开挖矿藏。

周边村民见状，火速向陈大成报信。

牛高马大的朱九龙和陈大成是同门师友。这天他正在陈大成家切磋拳脚技艺，闻村民报后，怒发冲冠，即随陈大成等人所率众子弟前往八保山。其时，已近傍晚，薄暮微雨，日光照射在陈大成、朱九龙所统领的子弟身上，日光反射，使他们身上罩上一层金色，矿贼众看见，以为他们是神兵天将，火速逃入山林。陈大成、朱九龙等人上山搜寻，擒矿贼 11 人。陈大成怕送县衙又被赵县令放了，故一面把他们绑缚送府查办，一面派人向县上报。府尹李公问明情由后，即张贴公示告知:

……教而不改，明目张胆劫掠，实属无法无天，坑场杀死者不论。

而此时，县令赵大河得报之后，认为自己已仁至义尽，对于这种冥顽不化的矿贼，必须严厉制裁。于是，他派兵进剿。

陈大成等得到府尹告示，更得县令派兵进剿，他就和朱九龙率陈榆、陈禄、陈文澄等亲兵数百追逐上山，擒杀为首的施文六及周、金、谢等 30 余人。其余贼众四散奔逃。

然而，逃回的矿贼并不甘心，他们得知处州(丽水地区)人有超常的冶炼技术，而且民风强悍。为报仇雪恨他们就用银沙拌入砾石中，带往景宁、龙泉、遂昌县进行煽动，当地惯贼杨松受其蛊惑，遂四处笼络，聚集三千余人到八保山，斩木为材，立栅为寨，抢掠村民。附近村民人心惶惶，人人自危。县令赵大河接到报案，立即下公文,命各都选兵防御,并且明令悬赏:凡有斩杀矿贼者,县府给予奖赏。因而,朱九龙再次随陈大成统领的乡兵进山围剿。杨松奋力督战,但因参剿人员面不广,仅倍磊陈姓和平望宋氏居多。结果首战不利,败下阵来,陈春、朱桂等多人战死。此讯传开,赤岸、青口、田心、雅端的冯、王、陈、杨各族及廿八都等地老百姓义愤填膺,踊跃参战。各地自发组队,与倍磊、平望各队合力进剿。陈大成等杀猪宰牛犒劳,宋氏也大出私财予以犒赏。朱九龙领先登山,各支参战队伍奋勇争先,摧枯拉朽横扫矿寇。处州贼众瞬即溃败,杀死若干,并俘获二百余人。

然而,处州矿寇败归后,并不罢休,利用宗族关系,进一步发动当地百姓,用丰厚的赏赏收买亡命之徒,结果又聚集上万人,大张旗鼓地从天龙山、慈溪岭、挂纸岭、枫坑岭四处齐头并进。我地闻报后,朱九龙随陈大成、陈禄等督队严阵以待,及至双方相接,大战于上陈塘(村)。陈大成、陈禄、朱九龙等率众奋击,陷其前锋,赤岸、葛仙、枧畴、青口、田心及廿八都诸队从旁击其左右。不一时,贼众大乱,丢盔弃甲,大败而逃,杀死数千人。其时,正好天降大雪,冻死饿死不计其数。我师穷追不舍,一直追杀到武义白溪口。贼寇闻风丧胆,见我师追逼,争渡不得而纷纷跳入江中逃命,又溺死无数。从此,八保山再无矿贼来犯。同时,义乌人骁勇善战的美誉闻名遐迩。

三、崭露头角

八保山矿事造就了一大批英雄豪杰。其时,东南沿海倭寇猖獗,朝廷下诏兵部左侍郎兼都察院左佥都御史,总督浙江、南直隶和福建等处军务的胡宗宪平倭。胡宗宪派浙江都司佥事、参将,防守宁波、绍兴、台州三郡的戚继光征剿。

征战需要兵员,而明洪武帝是采取戍兵屯田制度,虽有上百万的兵员,但分布全国各地,一是远水救不了近火,二是大多长期过惯了农耕的戍兵也很难应对激战的需求,并且大有顾此失彼之状。于是,戚继光以“扩兵平倭”折奏闻朝廷要求招募新兵并得到批准。

戚继光是位文韬武略兼备的统帅,他知道,要想驱除倭寇,必须有精兵良将,这精兵良将到何处求呢?他想到广为流传的义乌八保山平矿难一事,深深地激动着他的心。他觉得在没有官府组织的情况下,面对强大的矿贼,同仇敌忾,自发出击,荡平矿寇。其义可颂,其勇可嘉。若能从义乌大地招到兵员,经过训练,必然会成为平倭的主力军。

戚继光来义乌招兵,县令赵大河向他推荐了陈大成、陈禄、朱九龙等一大批八保山保矿、护矿的英雄人物。在介绍朱九龙时,他特别强调朱九龙率队冲杀在前锐不可当的英雄气概。于是,戚继光当即以把总职招他入伍。

戚继光在义乌首次招得 3000 名兵员,并在义乌亲自进行训练,这支训练有素的义乌兵后来成了戚家军的中流砥柱。

嘉靖十四年（1561 年），倭寇大举进攻浙江的桃渚、圻头一带，戚继光把义乌兵带往前线，扼守桃渚，并于龙山大败倭寇。戚继光号令乘胜追击，朱九龙一马当先锐不可当，一路追杀倭寇直至雁门岭。倭寇闻风丧胆，弃台州而逃。戚继光乘虚袭击台州，朱九龙抢先登城，手刃寇酋……台州一役全胜，兵部左侍郎兼都察院左佥都御史总督浙江胡宗宪看了戚继光呈上的战报文本后，对朱九龙刮目相看，提笔嘉奖，曰："勇可冠军，艺能超众；拔身出阵，千人睹其先登；挥刃大呼，万夫为之落胆……"

四、功成闽南

台州一役，朱九龙初露锋芒，义乌兵（戚家军）大显神威使倭寇不敢再犯浙江。倭寇败走台州后，与从日本国本土来的新倭寇纠集在一起，准备伺机侵略。但他们已领教过戚继光的军威，不敢再犯浙江，而是把矛头转向福建，目标直指兴化（莆田）。

倭寇虽人多势众，但遭到兴化军顽强抵抗，围攻数月而不得下。其时，郡守刘显派了八名士兵，赍密书希图入城相约城内守军内外夹攻。结果该八名士兵被倭寇擒杀，倭寇换上八名士兵衣着，赚开城门，因而兴化城陷。倭寇占领兴化城后，以此为据点，大肆掳掠周边百姓。刘显奉命进兵兴化，但因兵员不足，难以取胜。福建总兵俞大猷飞檄朝廷告急。

嘉靖四十二年（1563 年）四月，戚继光奉命挥师南下支援福建。

戚继光到达兴化后，带领陈大成、朱九龙等一批干将到前沿阵地察看地势，经与右佥都御史谭纶商讨后，决定先在各海道环立栅栏以阻断倭寇退路，然后以刘显为左军，俞大猷为右军，谭纶为中军，戚继光为先锋进行剿寇。总攻开始，朱九龙为前锋率敢死队一马当先，斩敌不计其数，戚继光率兵追击。倭寇道路不通，被斩杀三千余人，于是，兴化光复。戚继光录前后战功升都督同知，世荫千户，代俞大猷为福建总兵。

嘉靖四十三年（1564 年）二月，倭寇余光纠合了一万多人围攻仙游，双方交战了三天，眼看仙游城要被攻破，适值戚继光统兵赶到，倭寇闻报后不战而退。戚继光并不罢休，令朱九龙带兵追击。

朱九龙率兵追敌寇至王仓坪，斩敌百余，迫使倭寇纷纷跳崖，摔死不少，其余败走，后占据漳甫的蔡丕岭。朱九龙分五组人马进攻，自己带头率队攀岩而上，与倭寇短兵相接，连俘带杀一百多人。并直追倭寇至永平，又斩杀三百多人。

戚继光把朱九龙的战绩上呈之后，兵部擢升朱九龙为金华守御所千户。

同年，潮州倭寇啸聚二万之众，与海盗吴平为犄角之势劫掠潮州，俞大猷率兵杀败倭寇，并将吴平招降，然后让吴平驻扎在梅岭，以扼倭寇再犯。谁知吴平贼心不改，不久之后，他纠合被明军打败的流散倭寇一万余人，伙同林道乾、曾一

本先后在走马溪、泊浦澳登录，洗劫南村堡和港口村。戚继光奉命进剿吴平，吴平闻报后，放弃先前占领据守的梅岭，集合大船一百多艘逃入南澳。并修大寨防御。

五、命殒南澳

南澳是个海岛县，位于广东省东北面、福建省东南面的大海之中。它距台湾高雄 296 千米，距厦门 180 千米，距香港 333 千米，处于高雄、厦门、香港三大港口的中心点，素有“潮汕屏障，闽粤咽喉”之称。海岸线长，海域面广，河、汊、港道纵横交错，水域十分复杂。

嘉靖四十四年（1565 年），俞大猷率水军，戚继光率步兵，前往南澳围剿吴平。吴平生性狡诈，他已受过戚继光、俞大猷的凌厉打击，深知明军之威猛、朱九龙之雄风，若是正面交锋，绝无胜算，必须要智斗，方能保住地盘。

他熟悉这片海面，利用复杂的海域作了严密布防：把重兵安置在腹地，用散兵游勇诱明军深入，再利用复杂的岛、礁、港、汊进行游击。

戚继光率兵到达厦门后，曾分北、东、南三路派精兵驶大船围剿，盗寇利用有利地形和复杂港汊隐蔽狙击或驾轻舟迎战，搅得明军无从下手，有时损兵折将地登上岛礁，贼寇早已逃得无影无踪。一连数月，毫无进展。

戚继光经过深虑后，以三标兵员组成先遣队，由朱九龙率领去侦察。

朱九龙领军进入南澳，迎战多股盗寇。开始，盗寇顽强抵抗，到后来竟不战而退。

朱九龙自入戎伍之后，在戚继光统领下与倭寇作战，一往无前，从未打过败仗。今观盗寇，狼狈而逃，认为更是不堪一击的乌合之众。于是顺着他们退路勇往直前。

这是一片 4600 平方千米的海域，除主岛南澳外，另有几十个岛礁星罗棋布，海道纵横交错，一深入腹地，东西不分，南北莫辨。朱九龙一路追打，后续无继，孤军奋战三天，精疲力竭，终于全军覆没。

噩耗传来，戚家军上下个个义愤填膺。戚继光召开誓师大会，与俞大猷分八路进兵，除吴平只身逃往凤凰山外，全歼其余盗匪。南澳百姓遂安居乐业。

戚继光把朱九龙战绩申报上司后，朝廷赠朱九龙世袭都指挥佥事，礼部主客清吏司给领赏银十两。

嘉靖三十七年（1558 年），朱九龙与妻子宋氏已育有一女。入兵营后，一直跟随戚继光转战浙、闽前线，直至命殒南澳前，未曾返里。朝廷恩准他招继嗣以奉宗祧。故继次兄九畴幼子重桀和三兄九思长子继宗为嗣，继宗赴部袭职。一女适金华。有孙宗朋、夏、宝、畿辅、省辅、三辅。

朱师志撰稿

虎天山
金华称“南天门”，
义乌称“北漏斗”。

国际登山健身步道
International Mountaineering Fitness Trail
IMFT赤岸
赤岸探幽
TanYou

四、虎天山路段节点

上陈
093
联盟
096
小官余
090
岩上
085
官余
081A
五柳
090-01
尚阳
085-07
朱店
056-17
大桥
070-05B
莱山
064-05A
羊印
058-06
枫坑水库
039-11

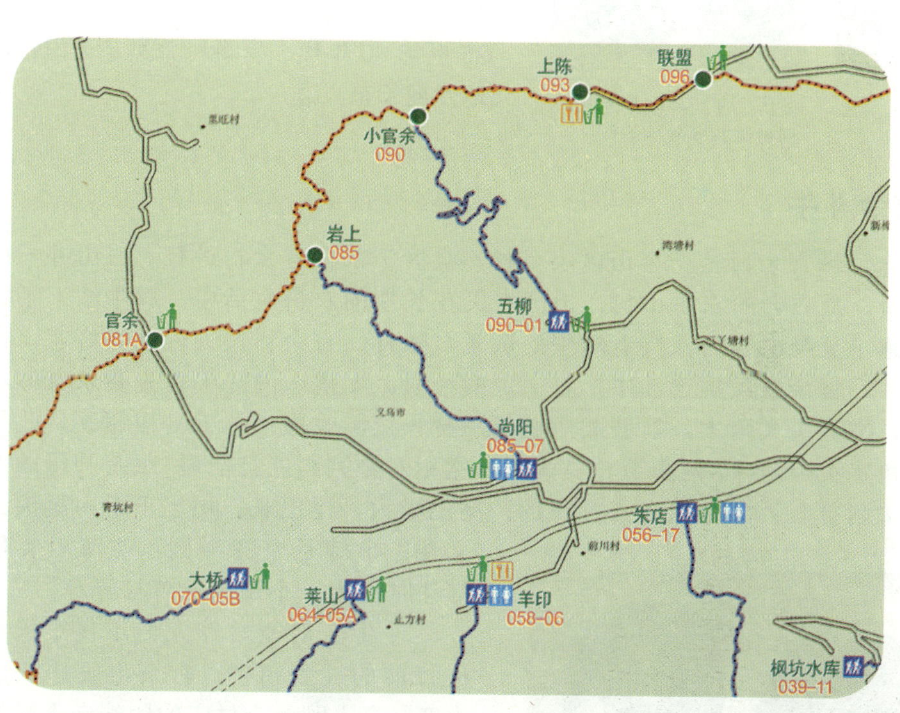

1. 驮岭头（主线 078A）

虎天山，地处青坑村大岭头，义乌人称“北漏斗”，金华人称“南天门”，是义乌与金华的分界地，古时乃是兵家必争之地。驮岭头有一条山岭人们称“百步峻”，通向浬浦镇宅山村，从地貌看，显然是古人开凿出来的。虎天山地势开阔，是一大片平缓的山坡地，山连山，山迭山，山外有山，山上有山，直把虎天山托向云端。古代鼎盛时期，这里商贾云集。驮岭头解放初期还有一座三开间的坐北朝南的凉亭，里面终年有人向过往客人施茶。

2. 官余村（主线 081A）

县区干部“三山并一山”调研组在官余村合影

官余村，位于赤岸镇西南端，与金东区孝顺镇接壤。官余原名官围，因官氏之村周围群山环绕而得名。后为表达村名衣食盈余的愿望，遂于清末易用官余至今。20 世纪 80 年代，官余村曾经是全国林业基地发展示范点之一。

3. 官余斗牛

赤岸镇官余村是一个山区小乡村，县区干部在官余村进行“三山并一山”的调研，是古老的农耕山村，山区农民在长期的农耕生活中，对牛结下了特殊的情感，至今山农仍保持着对牛的敬爱与崇拜。官余村民天性强悍好客，也喜爱斗牛。官余村民挑选斗牛，有一定的经验。如挑选的斗牛首先要求身体壮大结实，胸宽头大角大，前肢高后肢低，身长挺胸收腹；体毛乌黑粗硬。此外牛头两角宽实则劲斗，两角节轮呈两窄一宽相对排列则能打能碰；眼睛圆浑凶恶，鼻孔大耐打。舌尖带黑斑点打得凶；尾巴很大，尾巴长，尾巴下毛内尾尖又碰又斗；中蹄是整齐半圆，前薄后实便于打斗时用力；小蹄内靠善打等等。

斗牛活动能培养人们不畏艰险，勇往直前的斗争精神。官余山民悠久的斗牛赛，能体现一个村庄的团结向上精神。

赤岸镇官余农民在农历六月初五举行“斗牛节”，以庆祝高山西瓜丰收和预祝年年风调雨顺，五谷丰登，人畜兴旺。

4. 华鹏、赵鹏两烈士纪念碑（主线 082A）

“2014 年 6 月 5 日夜晚 22 时 37 分，一架‘飞豹’坠毁于浙江义乌南部山区，2 名飞行员牺牲。”据官余村民回忆，当时飞机声音之震裂，无法形容，飞机过后 2~3 秒钟就听到爆炸声音，天空一片火光，10 千米外前川村都能看见。机头和机翼坠落在方圆 500 米外的山头，飞机飞过的地方大片树木像被刀砍断一样整齐截腰折断。摔落的是“飞豹”战斗轰炸机。海航飞行员华鹏、赵鹏驾机夜间飞行训练中，发动机突然发生故障，飞机离地面只有一二百米高度，飞机即将撞击村庄，两飞行员将生命置之度外，熟练地往上拉起操动杆，一个向上俯冲动作，飞机避开官余村庄，撞上离官余村不到 200 米的凤凰山半山腰上，飞机爆炸，赵鹏、华鹏光荣牺牲，官余村庄得救了，两位年轻飞行员献出宝贵的生命。淳朴善良的官余村民，自发为二位英雄立碑纪念。“凤凰山上飞机撞，火光冲天震岩上，爱国爱民把身献，人民英雄永不忘。”不忘俩英雄拯救了官余村庄。

5. 小官余村（主线 090）

小官余村，解放初期为平望乡，1955 年后与上陈并为高级社，1961 年成立小官余大队。村西南原有大官余村，本村较其为小，因名小官余村至今。最多时人口为 145 人，37 户。现已下乡脱贫，全村搬迁到佛堂镇移民小区。

6. 岩上自然村（主线 085）

岩上自然村，包括殿坑自然村。解放前属于尚阳村管辖，土改后归尚阳村管辖至今。全村姓张，岩上 3 户 10 人，殿坑 2 户，7 人。有田 3300 多平方米，地 6600 多平方米，山林 33 万平方米。有一处跌水岩瀑布，落差 30 余米，水流入孝顺镇里旺村。

岩上、殿坑两个自然村，上辈都从永康市金坑村迁入。

7. 尚阳村（支线 085–07）

尚阳乡政府所在地，南邻永康，西南靠武义，西北与金华接壤，是义乌市最偏远的古村落之一。村庄坐落于义乌最高山大寒尖脚下，是一处山环水绕，藏风聚气的世外桃源，发源于大寒尖的溪水自南、西流过，绕村穿村于每家每户的门前屋后，形成“门前屋后泉水流，家家户户有埠头”的真实写照。要进尚阳村落，必须经过桥才能进村庄，形成大小桥梁 10 余座，世上独一无二的村落。

尚阳建村年代久远，据《绣川毛氏宗谱》记载，尚阳村毛姓繁衍生息的始祖为尚长明一府君下正三四府君尚阳长房，名普霖，字景泽，别号南阳正三四。

尚阳村老街长，厅堂多。老街位于尚阳村中心，东西走向，1000 余米，中间略弯曲，首尾不能相望，巷弄纵横交错，宽窄不一，构成鱼骨架形状。

尚阳村过去是义西南角

最偏远地区的商贸聚集地。村里古厅堂多，原有十八厅，多为清朝时建造，如今保存有至斯堂、承德堂、六行堂、光裕堂、树滋堂、绍衣堂、敬修堂、崇德堂、环翠堂、观德堂、石板门厅、九思堂等 16 座，这些厅堂多集中在老街两侧，一幢紧挨一幢，其木雕、石雕、砖雕精美绝伦，弥足珍贵。村内保存的清代、民国老房子，还有四万多平方米。

走进尚阳的小巷里，脚下是鹅卵石铺嵌的路，面前是青砖黛瓦的房，空气里，是时光的落尘。在东折西转绕厅穿堂中，一抬头，总能看到屋宇的翘角飞檐，梁栋边的雕花刻画，泛着陈旧霉干菜般的颜色。一般的房子总是坐北朝南，尚阳的房子却都一律朝西，千百年延传下来的习俗，总是有其科学之处。在尚阳的街巷里穿走，总能碰见很多老人，带着泥土的古铜色气息，身板硬朗，精神矍铄，手中还不停地做着一些简单的加工活，问起年纪，咧嘴掩笑：“这里都是 70 多岁的，那边还有 80 多岁的呢！”

尚阳 600 多年的砖厅里有个待解之谜——在砖厅正中的大梁上，悬挂着一个球，那球，其实也是木雕雕刻而成，和旁边的雕刻有着一样的 600 多岁的年纪。但不同的是，它的颜色，是非常新鲜的原木色，好像是刚从山下砍伐下来，在周围一片黑黝黝的木雕的衬托下，非常显眼。据介绍，原先砖厅曾租给一个家具厂作厂房，到处都是尘土，奇怪的是，球上却从来不会沾一点灰尘，蚊子、蜘蛛也从不得近其身。村人说，球在雨天和冬天颜色还会变深一些，现在村里谁也不知道里面的奥秘——也许，这就是古村的魅力所在吧。

尚阳村特色民俗活动丰富，有迎花烛闹元宵、胡公殿庙会、拉线狮子舞、斗牛、竹编和元宵挂珠灯、水田迎塔龙灯等，这些民俗活动使得尚阳村乡土文化代代传承。

一个小乡村，出了父女两个知名画家

赤岸镇尚阳村和尚田自然村只有 20 多户人家，建于清朝的朱恒故居就坐落在村边，经过百余年风雨，当年的白砖墙现已留下斑驳痕迹，内部楼栅破旧已摇摇欲坠。故居是座普通农村民舍，它没有马头墙，没有肥梁胖柱，更没有雕梁画栋，但这寒舍里走出了朱恒、朱一嫣这对父女画家，彰显出了名人故居的质朴。

祖父建房似鸟筑窝

和尚田村北公路边，502 路公交车和尚田站站牌边就是朱恒故居，清代建筑，坐北朝南，排三两插厢，二层楼，砖木结构，内有一个小天井，自成院落，占地 84 平方米。三开间二层，五柱七檩，内部木板构壁，二插厢二层，东厢楼下设大门。

这座故居由朱恒的祖父朱孚福 (1878—1918 年）建造。朱孚福是家里独子，20 来岁就开始造房，所用建材如砖瓦、木料、石灰等都由他一人搬运到家。农忙时要干农活，农闲时则到 10 千米外倍磊埠头担石灰，到古寺、齐英寺（齐云寺）金华义乌交界高山上背树木回家，一次来回 20 多千米山路，有时一天要背树两次，高山险峻，负重难行，朱孚福常常孤单一人背树到深夜才回家。妻子很心疼丈夫，常点着行灯到半路上去接应，给丈夫挑灯引路做伴，有几次她孤妇一人夜路5千多米，一直迎接到古寺岭。经过三年艰辛，房屋终于建成，但朱孚福因此得病，40 岁就离世了。

朱恒的大儿子朱萃福对笔者说："太公造房艰难，似鸟筑窝。旧居来之不易，我们要珍惜。虽然我与弟弟都已搬进新居，但年年对故居进行维修，保护好太公遗产。"

故居走出父女两代画家

朱恒 (1916—1993 年），原名朱恒有，字展蕉，1916 年 12 月 9 日出生于和尚田自然村，是这里土生土长的著名山水画家、美术教育家。系浙江省文史研究馆副馆长，浙江逸仙书院院长，中国美术家协会会员，从事国画创作60年，其中从事美术教育 40 年。

朱恒 1944 年考入大学，1947 年毕业于国立英士大学艺术科，师从国画大师潘天寿。朱恒山水画炉火纯青，自成画派，在全国展出 20 余次，在国外展出 5 次。《中国文化》杂志主编刘梦溪教授评说："朱恒先生的笔墨功力，在全国已少见。"朱恒出版了《朱恒画集》《山水画技法与修养百题》等著作。他的画作先后被国务院、中南海、毛主席纪念堂、宋庆龄陈列馆、周恩来纪念馆等 20 多个重要堂馆收藏。

画品人品兼优，这是朱恒先生高贵之处。朱恒在省城有一定职务，颇有名气，但生活一向清贫。他夫人毛海珠一直在山区农村旧居带着孩子艰难度日，直到 1983 年，夫妻分居长达半个世纪，二个儿子一个女儿至今在农村务农。1943 年为了资助抗战，朱恒跋山涉水赴丽水举办个人画展，把卖画所得全部捐献给国家。1943 年夏天，朱恒自告奋勇在日本占领区前川村举办“南极乡小学毕业生暑假文化复习班”,他一个人义务为 20 余名学生辅导功课,笔者也在其中学习。教学得法，收效很好，多数同学都在当年考上初中，其中尚阳村就有三位同学考入义乌初级中学。当时，朱恒老师还画了许多山水画，赠送给各位同学，作竹骨纸扇扇面用，以留纪念。1989 年初夏，朱恒因车祸骨折回老家养病，仍忍痛作画送人。朱恒先生优秀人品，义乌人民永远铭记，《义乌方志》季刊 2015 年第 4 期刊出《纪念朱恒先生百年诞辰》等文章怀念他。毛店初级中学校园内已竖起雕塑像，还有许多朱恒学生和崇拜者常专程赶到朱恒故居参观瞻仰。

朱恒的女儿朱一嫣，1939 年出生于朱恒故居，1963 年毕业于原浙江美术学院附中，她继承父志，从事美术教育 30 余年，也是著名山水画家。朱一嫣的画作已走出国门，在日本、奥地利等都曾亮相。

故居边有古建筑群

在朱恒故居北边 5 米处有一口方形古泉井，边长 3 米，井深 3 米，井壁用溪石砌成，井底用鲜松树做搁栅垫铺，清泉从搁栅缝中涌出，不论干旱多久，涌泉从不间断。该井原是由尚阳村百一恭太公在明朝为抗旱而建，它能灌溉自和尚田至尚阳村龙王陂一带数百亩良田，抗旱保收。

离朱恒故居百米处,有一座三折古石板拱桥,桥石上刻有“毛德纯君富造”和“光绪丙午夏月” 12 个字，桥姿秀丽优美，桥下流水清澈。桥上游 15 米处造有清代古陂一座，水陂上挂有瀑布。水陂使溪水提高水位，引水自流灌溉农田，它是古代的水利工程。和尚田的名人故居、古桥、古陂等古建筑群，展现出古村民的聪明才智和历史文化古韵，这些古建筑群相距只有百米，并列在一条大道上，似一串珍珠。小桥、流水、人家、树林，加上远山云雾，融为古典式优美田园风光，如同朱恒先生所画钟灵毓秀的山水画一样精彩。

和尚田古建筑群历史文化厚重，是历史文物，也是社会宝贵财富，应加强保护和利用，或可将其开发成旅游胜地，供游人们游赏。

8. 八宝山（主线 091）

八宝山，海拔 643 米，山中有“神仙洞”也称“虎祠”。原名“八保山”，现名因与“八保山”谐音所致。八保山因坐落第八保而得名。

明世宗嘉靖三十七年（1558 年），永康盐商施文六聚众在八宝山采矿，倍磊人陈大成等聚族众护矿，后械斗扩大，处州（丽水）人杨公聚众 3000 余人至八宝山立塞掳掠，陈大成等率众击败赶至武义界，县民自是以勇健著称。

八宝山顶留念

明世宗嘉靖四十年（1561 年 ）倭寇侵浙，戚继光前来义乌倍磊一带募兵，组成“戚家军”，史称“义乌兵”。曾经在八宝山上短暂练兵，现还留有遗址。

9. 上陈村（主线 093）

因先祖姓陈，定居于八宝山麓，地势高于原下陈村，故名“上陈”，村呈长方形。村民饮用水源来自“银坑洞”的泉水，也是潜溪的源头水。相传“银坑洞”有 5 里之深，但没人走到过尽头。

上陈村

五、赤岸西海路段节点

游车览风光，赏西海桂花。

1. 赤岸西海（主线 104A）

“赤岸 · 西海”美丽乡村精品区是由“十里桂花长廊”串珠而成的。以“花海”为景观特色，桂花、栀子花、杜鹃花等为主要花卉，拥有油菜花、太阳花、荷花、腊梅花、栀子花等四季可观赏的花海景观，是江南特色的乡村旅游胜地。

“赤岸 · 西海”面积 7.5 平方千米，包括午山干、胡坑里、神坛、大新屋、大树下、雅端、上八石、下八石、塘边 9 个自然村落。“一湾西海明月，九枚田园明珠”，将这 9 个得天独厚的村子串成一线，形成一派举目青翠、风景秀丽的独特景致，浑然天成。这里有冯雪峰故居、陈家大院（也称容安古堂），有义乌历史上最早的水利工程，与都江堰有同样影响为的蜀墅塘遗址，有诗人李白曾经过大树下而美名的“驿站人家”,《青溪半夜闻笛》:“羌笛梅花引，吴溪陇水情。寒山秋浦月，肠断玉关声。”油然而生忧国思乡的情绪与现在的乡愁相似。经考证，金华至永康的官道就从大树下经过。

目前，投资 800 万元建成了义乌首条绿色生态的休闲绿道 5 千米，届时建成西海门户——午山干、桂花飘香——胡坑里、雪峰故里——神坛、栀子花村——大新屋、驿站人家——大树下、陈家大院——雅端、民俗文化——上八石、花海梯田——下八石、古塘遗韵——塘边，一村一景。

花海、美溪、山水、田园、美塘，村居共同构成了如诗如画般的西海风貌，乡村度假体验、户外休闲运动、田园观光、幸福生活巧妙地结合在一起，形成了一幅现代清明上河图，令人无限向往。

2. 雅端村（主线 102）

古时称稚川，现称雅端。雅端村原名下端，现辖雅端、上宅、许干等三个自然村，有人口 1000 多人。雅端是江南有代表性的耕读家风村落。陈姓祖先，克勤克俭，发家传承，以陈姓为主，有特色的古民居大小厅堂共 18 处，最有特色的是陈家大院，包括容安堂、遗安堂、叙伦堂等。

容安堂、遗安堂、叙伦堂前后三幢，总长 115 米，宽 52 米，建筑群共计 5980 平方米，实属罕见。材料十分讲究，正厅 8 根柱子就选了 8 种木材，寓意深刻。“枝樟木栎，柏樟桐椿”就是“齐心协力，百子同春”之意，门板雕刻也是“耕读渔樵”图，代代相沿，辈辈传承的是富有情感的耕读民情风俗。

雅端村，距尚阳、毛店、倍磊、赤岸均 5 千米。北靠“殿山顶”山，南伴“潜溪”水。溪水静静地在村前流淌，村东林木葱郁，拥簇着这个规模宏大的古村落。村后的山坡上，一株株古松树直冲蓝天；绕村而过的小溪水，清泉涓涓，溪中成群的鹅鸭，时而钻进清澈的水底，时而拍打着翅膀，在水中自由地嬉戏犹如一幅鲜活生动的山乡村居图。

3. 雅端陈家大院（主线 102）

走进宽广的门堂，映入眼前的是一幢连着一幢的古民居。据村中老人说，这个古民居群建于清嘉庆年间，距今已有 210 年的历史。该建筑群以“七幢五堂”为主体，共 69 间房，占地 1700 多平方米，“五堂”即容安堂、遗安堂、敦安堂、叙伦堂、居安堂。其建筑设计精密，布局合理，使整个古老的民居群显得大方、气派，又蕴含着温婉可人的农耕文化的生动气息。

雅端村以陈姓为主的族居多，陈氏发展为大族后，一名继寿，外号“千石太公”兴建，据上辈人说：“有关陈氏家族的发家和容安堂整个群体的兴建有一段传奇动人的故事。”相传有位仙人扮成赶鸭的人到他家借宿，第二天清晨，

容安堂

仙人赶着鸭群飘然而去。留下一只跛脚鸭，后来就变成了一个金元宝。陈继寿就以这金元宝起家，买田、收租谷、开米行店。据传陈继寿当时有田地约 213 万平方米多亩，富甲一方。陈继寿精明能干，他建房时候有的木材从很远的龙游买回来。龙游卖商看他穿着土布长袍，不像是大买主，却见他在木材前徘徊，便开玩笑说："我在龙游樟树潭有一批上好的木料，打折卖给你，你买得走吗？"谁知他当即和卖主签下字据，成交了这桩大买卖。从前木头运输是放木排走水路，木头从山上砍下后为方便都是堆放在水塘上或是河边，木头越放多它就越往下沉，时间久了连卖主也忘了究竟有多少木头。容安堂取材有讲究，中堂八根 60 厘米粗的柱子，分别是梓树、樟树、木荷树、栗树、柏树、栎树、桐树、椿树，寓意："齐心协力，百子同春"。这批木头一根比普通五根还粗大，最大一根，足足用了 36 个人才能抬得动。这里还有一个陈太公坐在木头上才能抬回家的神奇传说。这批木头经龙游一直水运到倍磊埠头，用人工抬，36 个人抬过了寺口村，来到了寺口岭，由于岭长又加上陡，二个多时辰过去了，还没走完，36 个人肚子咕咕叫，人也筋疲力尽，就原地停下休息，怎么办呢？大家一筹莫展时，有人提议，回去禀报东家，说："抬到寺口岭树神显灵，木头不肯回家，木头一动也不动赖在路中央，请东家去看看。"东家陈太公一听，就明白了几分，叫家人备足点心，前往寺口岭。陈太公来到了寺口岭，对大家说："你们辛苦了，先吃点心……"大家吃了点心，又休息个把时辰，力气恢复差不多，陈太公查看木头抬不动的原因，因台阶太高，前头木头被卡在台阶上，36 个人力气使不上的原因找到了。最后，陈太公坐在最后的木头尖上，前面的木头就翘了起来，这才把木头顺利地抬回家。这样就被人们传为陈太公坐在木头上才能抬的神奇故事。用这些木头做的柱梁，虽然已过了 200 多年，但依然完整无缺。

容安堂建于清乾隆廿四年（1759 年）至嘉庆庚申年（1800 年）间，先后经历了陈启文、陈雅川父子两代才最终完成。容安堂坐西朝东，前后三进三开间两廊两天井，为前廊式四合院结构。抬头仰望，只见用条石打的门楣上刻着“槐荫庭茂”四个大字。南、北侧门上书“斯如道”“礼在是”匾额。厅正中则悬挂着一方匾额，上书“诚朴可风”，落款为乾隆二十四年（1759 年）。容安堂走过 200 多年的风风雨雨，经历了岁月沧桑，却依然保存完好，古韵犹存，它那斑驳的灰白外墙像清晨的残梦，弥漫着江南古民居雍容的不凡气息。容安堂可以与义乌黄山八面厅的建筑与雕刻艺术媲美。

走过容安堂，遗安堂，紧接着是叙伦堂。叙伦堂的建筑风格与其他古民居相差不多，但它增建了一个非常气派的戏台。这个戏台气势恢宏，台上实木铺设，台顶屋檐高耸，雕梁画栋，上盖青瓦，宛如一顶大油布伞。戏台的柱子和顶棚画着千姿百态、神采飘逸的人物故事，至今色彩鲜艳。

据中国民间文化遗产抢救工程专家委员会委员李玉祥对雅端古村落考察后分析：在义乌还有两处类似黄山八面厅的“老房子”，它们也完全可以像黄山八面厅一样申报国家级重点文物保护单位，雅端村的容安堂就是其中之一。容安堂比黄山八面厅建筑时间早了 13 年，雕刻可以与其相媲美。专家分析，从黄山八面厅和容安堂等其他几座古民居前后连贯相差百年的时间顺序，和一座比一座精美的雕刻工艺上看，极有可能这几座古建筑是出自同一批建筑工匠之手。

雅端古村落依山傍水，民风古朴淳厚，风景优美。走进雅端古村落，仿佛进入时间隧道，从清代的富饶繁丽，至近代的返璞归真，它向人们述说着一代代的历史变迁，这里不仅是一座座写满历史，写满沧桑的古建筑，更是一方让人流连的净土，感受着雅端的古村落，一种历史的情怀油然而生。

4. 大树下村（主线 103）

据传此地有棵大树，落叶可达 2500 米之远，树大之状可想而知。村落即在大树下面，故称大树下。大树下历史悠久，至今保存着有明朝古建筑余庆堂、敬义堂和新发堂等，几栋古建筑排列有序，与几棵古樟树错落有致。大树下村驿站历史悠久，在民国前，是永康至金华、杭州必经之路。客商们肩挑货担路途十分辛苦，该村恰处在该歇脚的地方，故经常有人借宿，村民只收取很少的费用，又加上待人热情好客，久而久之，常年接待过路客人的农户就有 30 多家，整个村庄就是宾客盈门，门庭若市。

近几年来，村干部带头发展“农家乐”，全村有民宿 11 家，床位 217 张，每天接待游客就餐可达 1000 人次以上。“开心工坊”“躬耕菜地”“烧烤营地”等等，原汁原味，让游客感受独特的乡村味。

5. 大新屋村（主线 104）

先祖系田心人氏，因来此地看护山林时，在溪的东面建造了新屋，繁衍成村，故名大新屋。

大新屋村山水资源丰富，随着西海景区的开发，该村漫山遍野生长着野生的栀子花，村两委根据栀子花的生长习性，又人工培植优良栀子花品种 10 万平方千米。每年到了开花期，大量游客前来采摘，年轻人拍照留念。村干部投资数万元在栀子花山上的岩石镌刻义乌最大的“栀子花

栀子花海

海”摩崖石刻。现在被多家摄影机构确定为婚纱摄影基地，备受新人们的青睐。烧烤、爬山、以栀子花宴为特色的农家乐，是游客们的首选地。

6. 红军长征登山道（主线 108）

神坛村整体性的规划，使得神坛村村子西边的小山谷还基本保持着自然状态。后沿山岗建了一条 2 千米微型长征路，路两边择地建立纪念红军长征经过或者标志性、艺术性标志设施。由于神坛的特殊性，在现有基础上，丰富和完善红色旅游景点，开发旅游资源。登山道始于冯雪峰故居，止于神坛村南的潜溪边，全长 2 千米，经过 5 个山头，最高山头能远眺佛堂镇区。

神坛村

红军长征登山道

7. 神坛村（主线 108）

神坛村位于浙江省义乌市南部。北靠上、下八石村，南连大新屋村，东邻胡坑里，西与倍磊乡接壤。神坛村冯姓者过半。冯氏，南宋初从东阳冯家楼逃难定居赤岸，分支居神坛，现与赤岸冯姓同一宗祠。此外，有朱、金等姓。

神坛村是有名的红色村，一个只有百人的小乡村，竟走出了义乌市，乃至金华唯一参加过红军长征的两位大人物，文学家、诗人冯雪峰和大校冯志祥。

神坛村三面环山，村落地形似坛子。又传说 400 多年前，此地有一毛陈师会仙术，见天大旱村民无水吃，他就在村后山的岩石上用伞柄一捣，捣出个圆圆的石洞，清泉顿从石洞中涌出，村民们吃水有了保障，故得名神坛村。这口仙井，至今仍完整地保存着。为纪念这位会用法术的毛陈师，村民们在村后山坡上建庙塑像祭祀。

赤岸镇正着手在神坛村建设“红军长征游步道”，以展示红军二万五千里长征的历史，寓教于乐，登山游步道经过“红军长征游步道”能增添几分光彩。

8. 神坛村的由来

很久很久以前，在义乌市南面，今赤岸镇西部，有一个小村子，山环水绕，景色十分优美。这里土地肥沃、气候宜人，孕育着一代又一代勤劳而又善良的人们。他们日出而作，日落而息，世代过着安详宁静的日子。在几十户人家当中，有一位年逾六十的老人，老伴早年过世，与一个名叫毛陈的外孙相依为命。他们在村西一块叫风流坎的山坡上以种植作物为生，生活十分清贫。一日，毛陈在风流坎的庄稼地里劳作。劳累时，他坐在田塍边休息，无意中发现一块空地上有一颗圆溜溜的药丸。毛陈把它放在嘴里一尝，顿觉神清气爽，于是，他毫不犹豫地将那颗药丸吞下。刹那间，毛陈只觉浑身一阵燥热难忍，而后产生一种飘飘然之感。据老人们讲那颗药丸是哪方神圣不慎遗落的仙丹。就这样，毛陈在不经意中得道成仙。得道后的毛陈利用法术解民之困，为民造福，被当地人尊称为毛陈师。当时，在村北面的山上有一凶猛的怪兽。怪兽白天躲在山洞中，晚上出来行动。它不但捕杀家禽、家畜，而且经常坑害人命，使附近一带百姓晚上不敢出门半步。为了使当地百姓能过上安定的生活，毛陈师主动请缨，单枪匹马上山捕杀怪兽。他在山中设一神坛，与怪兽斗法。最后，他凭借精湛的法术将怪兽活捉，使其显露原形。毛陈师智斗并生擒怪兽，为民除了一大害。这一消息不胫而走，群众无不为之欢呼雀跃，于是，毛陈师名声大震。毛陈师死后，村里人无不悲痛万分。他们将他的尸骨安葬在他设坛与怪兽斗过法的地方，并将村名改为神坛村。以后，每年的这一天，村民们都要上山敬香，以表对他的怀念之情。

9. 神坛村的骄傲——“神坛双冯”

冯雪峰

冯雪峰同志是我国著名的无产阶级文艺理论家，著名作家和诗人。义乌当代三大文人之一，神坛村是其诞生地。

冯雪峰（1903—1976 年）原名福春，1914 年以前接受启蒙教育，后进赤岸小学、县立第三高小学习。1919 年考入金华省立第七中学师范科。一年后又考入浙江第一师范学校，开始写作新诗，与柔石等参加朱自清、叶圣陶指导的青年文学团体晨光社，后又与汪静之等结成湖畔诗社。1926 年在北京大学听课，开始从事马克思主义文艺理论的介绍和传播，次年加入中国共产党。1931 年起先后担任中国左翼作家联盟党团书记、中共上海中央局文化工作委员会书记等职。在中华苏维埃第二次全国代表大会上，被选为中华苏维埃中央执行委员会候补委员。随后参加二万五千里长征，后调到陕北中央党校工作。后曾任《文艺报》主编，人民文学出版社社长兼总编，中国作家协会党组书记、副主席，鲁迅著作编刊社社长等职。主要著作有诗集《真实之歌》

《灵山歌》，文艺论集《鲁迅论及其他》，杂文集《乡风与市风》《雪峰寓言三百篇》等，除译文外，均收入四卷本《雪峰文集》。

冯雪峰故居，建于1910年。坐北朝南，系三合院木质结构建筑，二进各三开间，左右厢房各二开间，中间有天井。在1984年4月冯雪峰诞辰80周年之际，义乌召开了第一届冯雪峰研究学术讨论会。文艺界著名人士丁玲、汪静之、楼适夷、黄源、骆宾基、杜鹏程等参加了会议并参观了故居。1984年4月，义乌县人民政府批准冯雪峰故居为县级重点文物保护单位。

冯志祥

神坛村人，于1929年从军，1931年在江西参加了中国工农红军并参加了第四、五次反围剿，由于作战勇敢，很快从战士被提拔为排长、连长、营长。后又随中央红军从江西出发，爬雪山，过草地，走完了二万五千里长征。

在长征途中，冯志祥除了行军、打仗，还要完成上级交给他的一项重要任务，就是编排、印制红军小报。他和战士们一起，常常把这套工具扛在肩上，每到一地，首先把党中央的指示精神、敌我双方的战斗情况、行军路线、当地风土人情等印在报纸上，然后一份份分发到红军指战员的手里。红军战士得到报纸，如获至宝，在行军和战斗间隙一字一句琢磨。这份《红军报》就是《广州军区报》的前身。

冯志祥，1945年当选中央七大代表，1955年授大校军衔，曾任原广州军区军事法院副院长、广西军区副政委（正军级）。

10. 上八石村（主线 110）

因村落在八石田的上方，故名。整个村庄呈荷花形状，群山拥抱、小溪环绕，东西两面由平山、莲山、乌龟山、洪岗四座山峰包围，像四大金刚守护这一方宝地，村子宛如世外桃源。漫步于潜溪之畔，站在牌坊底下，也会因为这水这溪而平添了几分乡村温馨和惬意。

11. 下八石村（主线 111）

因村落于八石田的下方，故名。下八石山林清秀，景色迷人，是一方风水宝地，其中最吸引人的就是南宋绍熙年间榜眼朱质的墓地，规模之宏伟，叹为观止，现在还留有华表、石人、石马等文物。

朱质自幼聪明好学，过目成诵。少年拜理学家吕祖谦弟子叶邽为师，后转而就学于金华的唐仲友。在名儒的悉心指导下，学业大进。累官太常寺少卿兼权吏部左侍郎。绍熙四年（1193 年），朱质与永康的陈亮一起在会试中被录为进士。殿试时，陈亮是魁首（状元），朱质为第二（榜眼）。陈亮于孝宗时就入太学，素以上奏之事深受孝宗的赏识。朱质中榜眼是在孝宗退位后的第四年，他以《春秋》之大义为说，引起了光宗的重视。时孝宗居于重华宫，闻听朝中又出了个与陈亮一样博学多才的能人，非常欢喜。

12. 塘边村（主线 113）

塘边村原名青村，是依山傍水居，心灵栖息地。塘边村胜似“江南水乡”，玩一次就让人难以忘怀。

塘边村是一处不可多得的山清水秀之福地，村后紧挨着葱葱郁郁的蜀山，前有碧波荡漾的蜀墅塘。站在蜀墅塘一眼能见八宝山、大寒尖、四天坪、双尖

四峰群立。塘山坑、大麦坑、深塘坑、吾眼坑四条坑入水，形成了狮象守门、龟蛇把守的奇异现象。元末明初知名学者和诗人金涓隐居青村后，全村文化底蕴浓厚，民风淳朴，从解放初至今，就有大学生200余人，是名副其实的文化名村，印证了“蜀墅塘边，百年树人”的先人宏愿。

金涓，元末明初知名学者和诗人。其一生幽居在野，不应征聘，咏水歌山，传道授业，深为时人与后世钦敬。金涓自幼颖悟警敏，年少时，每日即可诵记数千言。稍长，即学文于同居县城之黄溍。黄溍，字晋卿，为元代文章宗师。黄溍见金涓年虽少，为文却简约而古朴，甚以为奇，遂悉心教之。金涓也不负师望，为诗为文，益加用功。

塘山虽不高，要想走一趟，也得花上个把时辰，这是登山道最后一段，穿过蜀墅塘中心堤，也称蜀堤，沿蜀山脚边的竹水山庄攀登，一路上有白岗尖、母子石笋、蜀山虎祠、狮子头、棋子洞、蜀山庙、牛背脊、龙脉黄坦等景观，集幽、奇、险于一身，又是一处休闲养生的好地方，只有亲自体验、赏玩，才有心得。

塘边村

13. 蜀墅塘与盘塘的由来

义乌赤岸蜀墅塘，三面环山，紧靠在蜀墅塘的西北边，有一座小山，高不过百丈，却为蜀墅塘的蓄水筑起了一道坚固的屏障。塘边村的塘山倒映在湖面，风景如画，而这座小山亦青松叠嶂，翠竹玉立，山中鸟鸣声声，和着山涧的流水叮咚，营造出一种深邃的意境。附近的百姓称这座山为蜀山，又称“飞来山”，还有一座“独山”，在倍磊西陈（湖滨村），是神仙从四川峨眉山挑来的，关于它的由来，还有一个美丽的传说。

仙霞岭八素山余脉乔岳群山的主峰，据《义乌县志》记载：“双峰在县南四十里，二峰并拔天表，又名笔架峰，旁有奇石，高丈许，有棋枰，相传仙人弈棋处。”双峰属于浙江省陆地中心点，是周围五峰之最高峰，这里满目青翠，风景秀丽。相传神仙经常在“棋盘石”对弈。

在双峰脚下，是大片肥沃的良田和错落有致的村庄，人们在这里勤劳耕作，安居乐业。有一年，天下大旱。居住在双峰山上的两位神仙，一天在对弈之余，看见了山脚下干裂的土地和祷告求雨的农民，决定要救农民于灾难之中。怎么救呢？他们商议筑塘拦截山间流淌的溪水，让溪水永远为农民解决旱情。

但两位神仙，一直以来童心未泯，谁也不服对方，遇事总要比比本领高低。毛陈师神仙决定搬山筑蜀墅塘，白羊精叱石成羊决定筑盘塘。他们约定，这次筑塘，到夜晚开始动手，在鸡鸣之前，谁先筑好谁赢。

一入夜，搬移山的毛陈师神仙腾云驾雾，不一会儿便来到了千里之外的西蜀，找到两面三刀座绿树葱葱的小山，取下随身携带的雨伞，用伞柄挑起两座山往回赶，他怕白羊精筑塘比他快，匆忙把一座山就丢在倍磊西陈长江边，老

蜀墅塘

柏峰水库

百姓取名独山。毛陈师马不停蹄往回背，一口气赶到塘西村与塘边村之间，把小山放在了山涧水流过的地方，小山拦截住溪水，那里就成了一座塘，取名蜀墅塘。毛陈师神仙筑成塘后，心里想：天还没亮，不知“白羊精”有没有筑好塘，且待我戏弄一下，便学起雄鸡啼叫了起来，他一啼，天下的雄鸡也跟着打鸣起来。此时此刻，白羊精正运用叱石成羊的法术，像赶羊群一样赶着岩石。山上的岩石不论大小，在他的神术下的石头“轰隆隆”地往山脚下滚落，他在想，只要在天亮前，把“羊群”赶到山口山涧溪流水处，盘塘就筑好。白羊精正得意扬扬之时，在十八湾处突然听到了鸡的啼叫，他以会是天亮了，便停止法术，滚动的岩石便停下来，白羊精看着没有筑好的盘塘，叹了一口冷气：“唉！这回我输了。”说完便靠在一大岩石上，从此，这块大岩石上就出现一个人影，人称“神仙吸壁”。盘塘村就是人们为了纪念仙人筑塘传说而命名的村庄。

天亮后，当地老百姓看到塘西村和塘边村两村当中，一夜之间，突然长出一座山来，又筑起来一口蜀墅塘，大家都奔走相告：“我们的庄稼有救了！”

从那时起，蜀墅塘边上的那座小山被人们称为“飞来山”，盘塘那边十八湾岩石上留下的人影，被称为“神仙吸壁”。这一神奇的景观现在仍旧在那里。“白羊精”是黄大仙的化身，黄大仙又是雨神，只要人间碰到干旱年份，百姓在此祷告求雨，就会降甘露，保佑百姓风调雨顺。为纪念黄大仙就在双溪口建了皇门殿，供奉皇初平、皇初起兄弟俩的殿，供人们祷告求福。

14. 胡坑里（支线 108A-01）

因先祖胡氏，定居于山坑里面，故名胡坑里。胡坑里三面环山，东邻大岩山、西接西坑尖、南靠洋大尖，两水呼应，村口麻车塘，村后洋高塘，一泓环溪穿流而过，形成青山绿水交相辉映的自然环境，呈现出山、水、林、花浑然天成的美丽画卷，是一个“村在园中，园在山水之间”的生态村落。

胡坑里村

15. 平望（主线 096）

平望曾经设立过乡政府，现在分联群、联盟两个行政村。据传一千多年前，江苏吴江县平望镇有一人避难于此，定居后沿用祖居地名至今。

金华八府为宋氏发祥地，宋太史即一代文宗宋濂，号潜溪，祖籍潜溪平望，据宋氏家谱记载，宋濂有史才，曾主持编纂《元史》210 卷，王祎称其可与司马迁相媲美。

第三章
义乌国际登山健身步道

赤岸十二景

赤岸镇自然风光十分丰富，山清水秀，名人荟萃，名胜古迹甚多，古民居建筑一枝独秀。为了打造赤岸旅游品牌，为了进一步丰富义乌市群众的休闲旅游生活，大力提升赤岸镇休闲旅游的知名度，充分展示赤岸镇的旅游资源和旅游景点魅力。赤岸镇党委、政府于首届丹溪养生文化节期间，开展“赤岸十二景”评选。经过前期五百多份问卷调查，再通过专家评审的方式，最终产生了“赤岸十二景”。“赤岸十二景”，囊括了赤岸的人文景观、自然景观等十二处较有代表性的旅游景点。

东岩书舍、雪峰故居、古桥月影等展示了人文赤岸、山水赤岸的无穷魅力。

1. 东岩书舍

冯夏熊、冯志来在东岩书舍遗址合影

东岩书舍在赤岸孝冯祠内，由宋文清公徐侨创办。宋嘉定十二年（1219年），徐侨辞官司回义乌，先借住王云寺，后徙南乡赤岸清德里，在东岩下筑屋数间，名东岩书舍，供慕名前来求教的门人学习住宿。陈圣圭云：东岩宋名儒讲学处。峭壁上有东岩庵三字，相传为徐侨所书。赤岸孝冯宗祠，从民国初年到2002年止，这里曾是赤岸学校的教室、校舍用房。我国著名的革命家、文艺理论家冯雪峰，棉花专家冯泽芳等闻名全国的专家、学者，都曾在这里读书。据《赤岸孝冯氏宗谱》记载：赤岸孝冯宗祠有前后三进、四天井、后进九开间、加两侧厢房，是共有65间落地屋的特大型连体明代古建筑。

2. 雪峰故居

冯雪峰（1903年6月2日—1976年1月31日）原名福春，笔名雪峰、画室、洛扬等。浙江义乌人。1921年考入浙江省立第一师范，参加朱自清等人组织的文学社团——晨光社，开始创作新诗。1922年与汪静之等组织湖畔诗社，出版诗集《湖畔》。1925年到北京大学旁听日语，1926年开始翻译日本、苏联的文学作品及文艺理论专著。1927年加入共产党。1928年结识了鲁迅，编辑出版《萌芽》月刊，并与鲁迅共同编辑《科学的艺术论丛书》。1929年参加筹备中国左翼作家联盟，1931年任“左联”党团书记、中共上海文化工作委员会书记，编辑出版《前哨》杂志。1933年年底到江西瑞金任中共中央党校副校长。1934年参加长征。1936年春到上海，任中共上海办事处副主任。1937年回家乡，创作反映长征的长篇小说《卢代之死》。1941年被捕，囚于上饶集中营。在狱中写了几十首新诗，后结集为《真实之歌》。1942年被营救出狱。1943年到重庆，在中华文艺界抗敌协会工作，发表了许多杂文及文艺理论文章。1946年回上海后创作了许多寓言。

1950年任上海市文联副主席，鲁迅著作编刊社社长兼总编。1951年调北京，先后任人民文学出版社社长兼总编、《文艺报》主编、中国作协副主席、党组书记。1954年后因《红楼梦》研究问题和“胡风事件”受批判，1957年被划为右派，1966年又被关进牛棚。1976年患肺癌去世。1979年中共中央为他彻底平反并恢复名誉。

冯雪峰故居位于义乌市赤岸镇神坛村，距义乌市中心约 22 千米，建于清宣统元年（1909 年），由冯雪峰的祖父冯薪水修建。建筑坐北朝南，分前后二进五开间，左右厢房各二间；中间为天井，西厢房西侧附属房和农具贮藏室各一间，为一幢前廊式四合院砖木构建筑，总面积约 500 平方米。硬山重檐，清水脊，阴阳合瓦，出檐用五层水盘檐，带两层砖椽。二层楼层，明间辟有石壶门，设二层台阶，上方设门头，门额上墨书“为善最乐”字样。前厅面阔五间，前后各四步架，明间用四柱，次梢间边贴五柱，下置柱础覆盖。明间一楼抬梁式，前后月梁，次间为穿抬式，梢间为穿斗式，置楼梯通楼上。明间前檐置屏门，侧门单扇，后进正室五间穿斗式，明间敞开，次梢间为楼梯弄。厢房用砖墙隔断为两间，辟门洞相通，前檐立面各辟双扇隔扇窗，出檐施撑拱。厨房和贮藏室为单坡屋面一层，用于置炉灶和置放农具等。雕刻精美，寓意深长。

3. 古桥月影

古月桥（野墅桥）横亘在义乌市赤岸镇雅治街村口西侧 100 米处的龙溪上，建于南宋嘉定六年（1213 年），系单拱五边形石拱桥，采用单拱纵联分节并列砌置法建造。桥全长 31.2 米，拱矢高 4.15 米，桥面宽 4.5 米，底净跨度 15 米，两侧引桥各为 8.1 米，引桥坡度 30°。桥身分 3 层叠砌，桥底层为 6 列平行布置的五边形石拱，是桥体的主要承重结构。每列石拱用 5 根条石直砌，条石之间用横锁石连接，全拱共用 30 根条石，4 根横锁石。中间层为石板横砌，其规格不一，桥面以块石和泥沙铺作，两侧设压栏石。桥南侧压栏石上阴刻楷书“皇宋嘉定癸酉季秋闰月建造”。

古月桥是目前所知现存时代最早的肋骨拱券结构的折边形石桥之一，造型稳固而又别致，充分显示了我国古代劳动人民的聪明智慧和高超的造桥技术。2001 年 6 月 25 日，被国务院公布为全国重点文物保护单位。

4. 丹溪陵园（朱丹溪文化园）

朱丹溪（1281—1358 年），名震亨，字彦修，义乌赤岸人。朱丹溪倡导滋阴学说，创立丹溪学派，对祖国医学贡献卓著，后人将他和刘完素、张从正、李东垣一起，誉为“金元四大医家”。

他所居的赤岸村，原名蒲墟村，南朝时改名赤岸村，继而又改为丹溪村。所以人们尊称他为“丹溪先生”或“丹溪翁”。

建在赤岸东朱村这一大片山林中的丹溪陵园，是一个以自然山水为骨架的历史生动、人物丰满、风景迷人的田园风光式纪念园林。这里不仅有湖光山色、小桥流水；更有旷世名医、金元四大医家之一的朱丹溪遗迹；有寓寄后人崇敬之情的各式亭台、馆园、碑廊；还有古代扁鹊等名中医雕像 10 多尊。

1358 年，丹溪先生操劳一生，端坐书桌前，手持狼毫，含笑而逝，葬于村头的墩头庵。可惜“文化大革命”中墓地被毁。现墓系 1979 年在原址重建。墓前立有当代著名书法家沙孟海题写的“元代名医朱丹溪之墓”的墓碑。

5. 松瀑泉石

松瀑泉石位处浙江中心点，称为浙江轴心。松瀑山为双峰山北面的一部分。自宋朝以来，这里就是一处游览佳境。

古雅的松瀑山如同一幅诗画，令人沉醉。阳光露过疏枝密叶在山上形成了斑斓的色彩。走在幽静的林间石道上，可隐约闻见瀑布声。当循声而进，沿着凹凸不平的石阶而下，来到一个叫乔峡的地方，抬眼望去，见鬼斧神工般凿出的峭壁高耸入云，峡的两壁相隔不过盈尺，峡底却被3巨石分成3块段。蓝天下，飞瀑清泉穿峡而出，凌空百余米的瀑布冲岩击石，卷浪飞珠，蔚为壮观。峡口石壁上宋人刻有“松瀑泉石”4 个清雅端正的大字。旁边还有“是人间尘外境”“何须入”“峭壁深”“佳水澈底清”“来坐禅”“石危多隐者”“春来砌岸锄荒径”等石刻。站在岩石上，遥看山色葱翠叠嶂，平添几多神秘遐想。

6. 二乔故里

大乔，为乔公长女，孙策之妻，小乔之姊。与小乔并称为“二乔”，传为绝世美女。

“乔公两女，皆国色也。（孙）策自纳大乔，（周）瑜纳小乔。”

说起三国时期的“二乔”，可谓无人不知。她们就是乔公的女儿大乔和小乔。史籍中有关“二乔”的记载极少。据《三国志·周瑜传》：“瑜从孙策攻皖城（今安徽潜山县北）时，得乔公两女，皆国色也。策自纳大乔，瑜纳小乔。”《刘表传》中亦可见孙策抱得玉人归的快慰：“乔公二女虽流离，得吾二人做婿，亦足为欢。”孙策、周瑜娶“二乔”， 一对姐妹花，同时嫁给两个天下英杰，一个是雄略过人、威震江东的孙郎；一个是风流倜傥、文武双全的周郎。堪称郎才女貌，美满姻缘了。

义乌市赤岸镇乔亭村，据有关人士考证就是“二乔”的出生地。在乔亭村内至今保存着成片的古宅，流传着诸多关于大乔、小乔的故事和传说，存着“二乔”在此生活的诸多印迹。此外，村内与大乔、小乔名字同音的两座古桥也保存完好。目前国内更没有一处以“二乔”名义建设的景点。

位于赤岸乔亭村对面的义乌市戚家军纪念馆很有气势。在村对面一片山体浑圆、起伏有致的低平峡谷中，气势宏伟的两檐楼巍然屹立。城楼两侧由青龙石砌成的“长城”，顺着地势，蜿蜒至南北两座山上。走近城楼，“凯旋楼”3个字闪着金光，由中央军委委员洪学智上将题写的“义乌市戚家军纪念馆”9个大字镌刻在拱形楼门的上方。

蟹钳形古墓群为明代时期的赤岸冯氏宗族墓葬群，共有古墓 17 座，其中 14 座朝东，呈“一”字形排列，整齐有序，规模宏大。墓前置有墓碑、石供桌等。另外 3 座坐落在蟹钳形山的南侧花坟头，为父子三人的合葬墓，属省级文物保护单位。

7. 寒山风光

嘉庆《义乌县志》载：“大寒山，山顶有池，四季不竭，春夏溢出，为瀑布泉。炎热盛夏，停留在山尖上，凉风习习，全身舒畅，煞有寒意，故称大寒尖。”大寒尖是义乌境内第一高峰（925.6 米）。

天龙山位于赤岸镇羊印村，路旁已是绿树成荫，风光无限。此地处义南极地，原始风景依旧，溪边山坡树繁叶茂，一派好山好水。天龙山，海拔 925.6 米，路口为一古城墙遗址，是当年抵御“长矛”外敌所筑。山路是直行向上延伸的，

又陡又峭又险。

关隘遗址位于义乌市赤岸镇羊印村天龙山上，距羊印村约 1 千米。清咸丰十一年（1861 年）前后，由朱一新父朱凤毛带头修建，处在义南通往和永康的一条羊肠古道上，城墙东西向呈“一”字形叠筑，两端巨岩，东边为峭壁是天然的屏障。长约 23 米，城墙宽 1 米，通高 6 米；中间辟门洞，为石拱券结构，前窄后宽，分前后两拱，前面拱门洞宽 2.1 米，高 4.2 米，后面门洞宽 2.3 米，高 3.85 米，东西两侧设二级踏跺。在城门第四级台阶上阴刻有“抵抗长毛而造”字样。现城墙上长满了藤蔓植物。

在大寒山半山腰石柱坑处，有雄伟独特的石柱而堪称“义乌第一柱”，它高有 50 多米，直径 10 米，酷似长在莲花盘上，被人们称为“莲花石柱”，还有二株石柱，当地村民称为“二株石”，酷似一对夫妻，恩恩爱爱万年不分离；石柱边有 1000 多平方米的岩石壁，岩壁上有奇特的洞穴，千姿百态。

石天门瀑布：在义乌市赤岸镇止方村到慈溪村约 3 千米的“石天门”地段，一处上下落差约 50 米的山崖上，有“一水七折”形成“七泄”大飞瀑，经止方村民破石、清理，一处天然佳景惊现在人们眼前。旅客无不惊呼为可与诸暨五泄相媲美，属“义乌第一瀑”。

8. 柏峰仙迹

柏峰水库位于赤岸镇柏峰村上方。水库周围景色优美，大坝向东，自拱桥左行 30 米的山谷中，一群巨石或仰或卧，参差林立，这便是“巨羊群”石景。再前行数十米，沿崎岖山路攀登，过十八湾有高 2~3 米，长 4~5 米的巨石，石中一“人影”，高约1.5米，紧贴巨石，此石便是传说中的“神仙吸壁”石。此处还有“和尚捉蛇”石景。近年，十八湾创办了农家山庄，吸引游客前来品农家风味，赏山色美景。

9. 一新故居

朱一新（1846—1894 年），字蓉生，号鼎甫，义乌朱店人，人称“朱义乌”。19 岁中秀才，就读于金华丽正书院、杭州诂经精舍。清同治九年（1870 年）乡试，与弟朱怀新同时中举，到京任内阁中书舍人。光绪二年（1876 年）中恩榜进士，历任翰林院庶吉士、散馆、编修。在京供职时，利用业余时间搜集资料，实地调查，旁征博引，历时 15 年编成《京师坊巷志》，又著《汉书管见》4 卷。光绪八年（1882年），法国侵占越南，进而企图侵占云、桂两省。上书力主就地募集兵勇，坚决抗击法国侵略者。次年四月，复上书反对屈辱妥协。光绪十一年（1885年），任湖北乡试副考官。是年冬，任陕西道监察御史。因屡上疏斥责太监李莲英恃宠骄妄，触怒慈禧，降为候补主事。以母病为由，请准回里。光绪十三年（1887 年）八月，应两广总督张之洞函聘至广东，主讲肇庆端溪书院两年，并编纂《德庆州志》。光绪十五年（1889 年），任广雅书院（广州中山大学前身）掌教，后将平日讲学的重要内容，辑成《无邪堂答问》5 卷。平生精通经史，博约务实。对西方列强侵略中国，清政府丧权辱国，满怀忧愤。《清史稿·朱一新传》谓“言论侃侃，不避贵戚”。其遗著合编成《拙盦丛稿》16 册，今存。另有康有为编《朱一新论学文存》存世。

大夫第位于义乌市赤岸镇朱店村，始建于清光绪年间。坐北朝南，硬山顶、阴阳合瓦、铺望砖，占地面积54.72平方米。该建筑为一间屋宇式门楼，穿斗式，用五柱七檩，后檐设屏门，现已拆。门楼前檐墙辟石库门，设砖细门头，龙凤

桥上题“大夫第”青石匾额，供来宾临时休息候见。

10. 容安古堂

容安堂位于浙江省义乌市赤岸镇雅端村，为清代建筑。坐西朝东，硬山顶、五花墙，平面布局为三进三开间，两厢两廊两天井。占地面积约 1510 平方米，分门房、正厅、堂楼和左右厢房，为前廊式四合院结构。门厅二层，用穿抬混合结构。正门居中，设有库门，门额阳刻“槐荫庭茂”，南北侧门上书“斯如道”“礼在是”。大门两侧安放一对旗杆石。大厅为敞开，屏门前置供桌一张，雕刻精美，明间五架抬梁前后双步。堂楼为家居建筑，为穿斗式。后檐大额坊上悬“诚朴可风”匾额，年款为“乾隆廿四年正月”。

南北厢房为对称建筑，由两个三合院组成，每个三合院为一进三开间，左右两厢房，双层穿斗结构，五柱七檩，硬山顶、阴阳瓦。穿廊月梁雕刻精美，门斗由砖砌置，内外壁施水墨图案，天井为条石砌置，北厢房二分之一倒塌。容安堂与重厢之间有(每侧厢房十四间)砖洞门相连。整体布局规整，规模宏大，用料粗硕，雕刻精美，被誉“陈家大院”，可同黄山八面厅媲美。

11. 大桥泼水

大桥村有 900 多人口，每年端午节前后一星期为泼水节，这一习俗已有七八十年的历史。据老农民介绍，早在 20 世纪三四十年代，为了防火安全，村里办起“水龙”，成立了义务消防队。这支消防队成立后，曾为本村及兄弟村灭火立下汗马功劳。这支消防队伍招之即来，来之能战，每年到端午节这天，都要进行模拟灭火大演习。演习这天，除了消防队员还来了不少围观村民。演习中，水湿透了每个消防队员，也溅湿了一些围观村民。灭火救灾，人人有责，被溅湿的

村民并没半句怨言，反而觉得是一件“吉利”的事，干脆也拿来脸盆加入泼水……就这样，你泼我，我泼他，慢慢地形成了一个有义乌特色的“泼水节”。

距大桥村不到 500 米的莱山村，有朱大华祠堂，内创立“农耕文化农具展示中心”，收集了 90 余件古老的农具家具，经过清洗油漆，分门别类，标上名称。祠堂免费向游客开放，门前有千年古柏两株 。朱大华公祠建于道光年间，由朱景安兄弟五人及侄儿共同建造，分上中下三进，共二十五间。在当时堂前种了两棵侧柏，现已长成参天大树，“一雌一雄”成双成对极为罕见。

12. 马溪漂流

马溪漂流，在前川村马溪自然村南面，被誉为“义乌第一漂”。每年 5 月至 10 月，四面八方游客尽享刺激。马溪漂流全长 2000 米，起点与终点的落差近 60 米，漂流流域内有定线近 200 米，堰坝 12 处。小溪上游有一处太平天国时期的关隘遗址。

五指山风光：五指山因山势有五峰，形同人的五指而得名。相传，《西游记》中孙悟空就被如来佛镇压在此。五指山的对面有一座山叫乌石山，站在乌石山的西面看乌石山，似如来佛像。乌石山旁边有一山，名九尖山，乌石山通过九尖山连接五指山，仔细看去，极像如来佛的手臂与手掌。摩崖石刻“灵峰”两字，由朱店村籍朱恒清将军撰写，单体字高 2 米，刻在三公三婆岩壁石上，与里坑水库交相辉映，成为一道灵峰秀气风景线。五指山南面，是郁郁葱葱的毛竹林，北面是茶山，总面积 38 万多平方米。五指山不仅风光秀丽、环境优美，还有一特色，那就是五指山的中部，全部都是天然石块。在中部的天然石块中，有的树木从石缝钻出长成参天大树。除此之外在五指山北面的山脚下的枫坑斗牛场会带给你无限惊奇。

第四章
义乌国际登山健身步道

哪些路线更好玩

赤岸自然风光秀美，文化底蕴深厚，各种旅游资源元素齐全。要想在登山道上玩出名堂、玩出味道，必须知道每一个路段的特点，什么季节爬什么线路，什么线路适合什么人爬。本章节选择了 18 条推荐线路，具体介绍了这些线路的长度、用时、沿途节点、途中景观、景观系数、强度系数、食宿提示和亮点提示。

1. 乔皇路段（双乔山庄—皇门殿）

线路长度：4.8 千米，用时 1~3 小时。

线路节点：车辆停放双侨山庄，皇门亭两端停车场。

途中景观：玉山岗、柏峰水库大坝、柏峰山庄、十八湾、皇门洞天、皇门亭、山口遗址碑。

景观系数：★★★★★

强度系数：★

食宿提示：双乔山庄、柏峰山庄等。

亮点提示：牧羊群，环湖自行车道。

2. 双尖山顶路线

线路长度：3.0 千米，用时 2~4 小时。

线路节点：车辆停放满山红山庄停车场。

途中景观：瀑布、龙潭、高支自然村、禅福寺遗址、双尖峰。

景观系数：★★★

强度系数：★★★★★

食宿提示：满江红山庄。

亮点提示：义乌独一无二的接圣水遗址、浙江省陆地中心点。

3. 松瀑山线（乔溪村—松瀑山葛岭头）

线路长度：2.5 千米，用时 2~3 小时。

线路节点：车辆停放乔溪村停车场，步行山脚，爬山过高空栈道，行走古老“百步峻”。

途中景观：宋代摩崖石刻、“彬”峡瀑布、跌水岩瀑布、悬空 60 米栈道、“小桥流水”。

景观系数：★★★★

强度系数：★★★★★

食宿提示：松瀑山农家乐。

亮点提示：古道、石刻、瀑布。

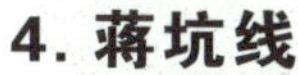

4. 蒋坑线

线路长度：5 千米左右，用时 2~4 小时。

线路节点：蒋坑村口停车场。

途中景观：村口古树、鹅卵石古道 、禅福寺遗址、高山自然村、回头岭。

景观系数：★★★

强度系数：★★★

亮点提示：通往永康古道。

5. 挂纸岭线

线路长度：3.5 千米左右，用时 1~2 小时。

线路节点：蒋坑村口停车场。

途中景观：蒋坑村、鹅卵石古道 、挂纸岭、鱼曹头村。

景观系数：★★

强度系数：★★★

食宿提示：蒋坑山庄、鱼曹头山庄等。

亮点提示：通永康古道、“小桥流水”、石拱桥、鹅卵石道路、鱼曹头村红豆杉古树群。

6. 鱼曹头岭瀑布群线

线路长度：1.5 千米左右，用时 1~2 小时。

线路节点：蒋坑村口停车场。

途中景观：盆塘村、鱼曹头岭、鱼曹头村。

景观系数：★★★

强度系数：★★

食宿提示：盘龙山庄、鱼曹头山庄等。

亮点提示：中共鱼曹头支部遗址（义乌最早组建了一支革命武装之一，号称“红军”，当时在册的有 13 人）、瀑布群、红豆杉古树群。

7. 鱼曹头至晓峰村线

线路长度：3.5 千米，用时 2~3 小时。

线路节点：鱼曹头村或晓峰村。

途中景观：义乌最高的公路隧道、火山口遗址、800 年红豆杉。

景观系数：★★★

强度系数：★★

食宿提示：鱼曹头山庄、晓峰山庄等。

亮点提示：横冲、直冲洞、800 年红豆杉。

8. 晓峰南岭线

线路长度：4.5 千米，用时 2~3 小时。

线路节点：车辆停放里仁村（杨眉山庄）、盘塘村停车场。

途中景观：将军殿、南岭、晓峰古村落、800 年红豆杉、龙潭奇石。

景观系数：★★★

强度系数：★★★

食宿提示：双乔山庄、山下人家等。

亮点提示：义乌双狮岩、晓峰古村落、环湖自行车道。

9. 天龙寺线

线路长度：2.5 千米，用时 1~3 小时。

线路节点：羊印村停车场。

途中景观：关隘遗址、跌水岩、天龙古寺、大寒尖山顶。

景观系数：★★★★★

强度系数：★

食宿提示：羊印农家餐等。

亮点提示：跌水岩瀑布、天龙古寺、天龙湖。

10. 大寒尖至石柱坑线

线路长度：3.8 公里，用时 2~4 小时。

线路节点：止方村停车场。

途中景观：石马、石车门遗址、石车门瀑布、莲花石柱、义乌第一高峰。

景观系数：★★★★

强度系数：★★★★

食宿提示：大寒尖山庄等。

亮点提示：瀑布、石柱。

11. 塔山尖线

线路长度：5.0 千米，用时 2~4 时。

线路节点：莱山葫芦湾滑草场停车场。

途中景观：莱山村、羊岭岗、塔山尖、慈前线岭头、高寿尖、古寺水库（师古坪）、石门山隧道。

景观系数：★★

强度系数：★★★★

食宿提示：莱山山庄、古寺山庄等。

亮点提示：高寿尖山峰、仰天坑古墓遗址。

12. 古寺水库线

线路长度：4.8 千米，用时 1~3 小时。

线路节点：车辆停放双乔山庄，皇门亭两端停车场，古寺村、师姑坪。

途中景观：征天隧道、古寺水库大坝、齐云寺遗址、龙潭、维摩坐石刻。

景观系数：★★★★★

强度系数：★

食宿提示：古寺山庄。

亮点提示：义乌市最高海拔大坝龙潭，环湖自行车道。

13. 慈溪老鼠梯岭

线路长度：3.8 千米，用时 1~3 小时。

线路节点：车辆停放慈溪村或停放在古寺师十坪自然村。

途中景观：慈溪村古村落、瀑布、石梯、古寺水库大坝、征天隧道。

景观系数：★★★★★

强度系数：★

食宿提示：花溪农家乐。

亮点提示：天梯、瀑布。

14. 慈溪—大寒尖

线路长度：3 千米，用时 1~3 小时。

线路节点：车辆停放慈溪村。

途中景观：高寿尖隧道、方坑水库、慈溪村古村落、山胡岭、石柱坑上横沿、大寒尖山顶。

景观系数：★★★★★

强度系数：★

食宿提示：慈溪农家乐。

亮点提示：80 米高双曲拱坝、石柱，义乌第一高峰。

15. 赤岸西海线

线路长度：4.8 千米，用时 1~3 小时。

线路节点：车辆停放西海接待中心，各村停车场。

途中景观：赤岸西海 9 个村庄、冯雪峰故居、容安堂、大树下古驿站、大新屋栀子花海。

景观系数：★★★★★

强度系数：★

食宿提示：农家乐。

亮点提示：古民居、绿道、红色旅游、百亩荷花。

16. 塘边村塘山线

线路长度：1.8 千米，用时 1~2 小时。

线路节点：竹水山庄停车场。

途中景观：蜀墅塘水库、牛脊背、抗战遗址。

景观系数：★★

强度系数：★★★

食宿提示：竹水山庄等。

亮点提示：义乌最早水利工程。

17. 东朱雪峰岭

线路长度：5.0 千米，用时 2~3 小时。

线路节点：车辆停放东朱雪峰水库（松溪山庄）。

途中景观：补天石、瀑布、金钟玉皇殿、大梁挂金钟、鹰嘴岩树柿坪自然村、竹海、哑叠石等。

温馨提示：岭头向南可通永康金坑下位等村。

景观系数：★★★

强度系数：★★★★

食宿提示：松溪山庄等。

亮点提示：奇石、瀑布群。

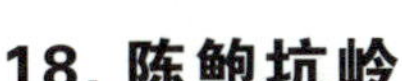

18. 陈鲍坑岭

线路长度：5.0 千米，用时 2~3 小时。

线路节点：车辆停放东朱雪峰水库（松溪山庄）。

途中景观：金钟玉皇殿（向右方向）、陈宝坑岭、鹰嘴岩、陈宝坑自然村遗址、塘泥岗岭（磐陀石）、风门岗、岭后、双尖峰等。

温馨提示：乔溪松瀑山瀑布能下山，还有高支自然村直接到山下的人家山庄。

景观系数：★★

强度系数：★★★★★

食宿提示：松溪山庄等。

亮点提示：磐陀石、鹰嘴岩。

赤岸十二大美食

赤岸镇地处义南地区，所处地域山清水秀，生态优美，旅游景点众多。赤岸历代名人辈出，人杰地灵，拥有深厚的人文底蕴和丰富的旅游资源，更潜藏着义乌独特丰富的养生文化资源。

一方水土养一方人，历经时间的沉淀及祖祖辈辈当地饮食习惯的积累，赤岸慢慢形成了一系列具有本地特色的饮食文化，包括具有赤岸特色的古镇农副特产、古镇地方特色小吃、古镇地方风俗小吃、古镇地方传统小吃及一批具有赤岸农家特色的农家山庄。旅游办等部门，从赤岸众多的农家菜、农产品、特色小吃中，筛选出知名度与美誉度较高的十二种，作为赤岸十二大美食，介绍给读者。

妈妈烧的菜，每一口都有家乡的味道。全镇范围内，农家乐名声在外。这些农家乐让游客在欣赏美景的同时，品尝到赤岸原汁原味的乡土菜系。位于毛店村的毛毛山庄，是赤岸镇范围内规模和影响力较大的农家乐之一。

农家乐的发展源于乡村旅游业的兴起，两者是一种互补关系。在义乌你可以吃到世界各地的美食，但是想要找小时候“妈妈的味道”，还是要到农家乐去吃。农家乐里的菜，不需要多么奢华。所用的原材料基本上是来自本地村民自种的蔬菜、自养的禽类，鱼塘里刚捞的鱼，普通的食材最贴近生活，也最健康。

义乌有句俗话：“芋汤浇饭，父子不传。”赤岸深塘产的毛芋大小均匀，个头圆润，口感细软，绵甜香糯，做成的毛芋汤味道鲜美。大家都知道毛芋汤浇到饭里面好吃，所以，即便亲如父子，都不肯相传。在义乌，吃着芋汤浇饭，能让人想起这样有趣的典故。

赤岸的每一家农家乐，基本上都有一两道拿得出手的特色菜。这些菜一般价格亲民，味道也地道，也贴合大众品味，为农家乐留下了不少赞誉。它们中的一些也成为赤岸十二大美食的有力竞争者。

1. 酒糟馒头

馒头作为中华传承数千年的主食，在劳动人民长期的探索中演化出了多种不同的做法。用酒糟作为辅料，添加到馒头发酵的过程中，做出来的馒头外形饱满，富有弹性，手一捏就瘪，一放就恢复原状，尝时带有酒香，添加了义乌特产红糖之后，馒头的味道会更加香甜；鲜肉馒头，进口就汤汁四溢，鲜美可口；猪油夹沙馒头，甜中带肥，肥而不腻，口感松软，不黏牙。作为赤岸农家乐必备特色菜，酒糟馒头远近闻名。

2. 豆皮素包

豆皮素包取用本地朱店名优特产豆腐皮，包裹豆腐、萝卜、咸菜等素菜。

最有地方特色的就是豆皮素包，人见人爱。豆皮素包赤岸人几乎家家户户都会做，只要有亲朋好友来访，这道菜便是主妇们的必做之菜。油润白净的赤岸名优特产朱店豆腐皮被裁成一张张小片，经主妇的巧手一摆弄，刚挖的新鲜野菜和豆腐、萝卜、牛肉等馅料立即被包裹在小小的豆腐皮内，豆皮素包裹好之后用油炸成金黄色，端上桌的素包皮层松脆中突出了豆香，透过薄如蝉翼的豆腐皮，里面的馅料一览无余，里层鲜嫩增添了食欲，深受食客们的喜爱。把铁锅加热到一定高温时，现包、现炸、现吃，讲求“新鲜”，其口感香、软、清爽，因此在赤岸大多数的农家餐馆里，这也是一道必点之菜。

3. 山粉大肠

在农家，食材都极普通，但做出来的菜却大有门道，山粉大肠这道小吃就是其中之一。能否将它炒的顺溜滑口，是检验一名农家大厨是否合格的标准之一。在赤岸，每逢过年过节或亲朋好友聚餐，家中掌勺总会炒上这么个菜，不管怎么吃都吃不厌，这是包含了妈妈的味道的菜，是地地道道的乡间美食。

4. 萝卜芋子汤

萝卜可以使人体自身产生干扰素等多种微量元素，可增强机体免疫力，并能抑制癌细胞的生长，对防癌、抗癌有重要意义。萝卜中的芥子油和膳食纤维可促进胃肠蠕动，有助于体内废物和废气的排出。

芋头的营养价值很高，块茎中的淀粉含量达 70%，既可当粮食，又可作蔬菜，是老幼皆宜的滋补品，是秋补素食一宝。

此菜香滑可口，毛芋绵软，萝卜清甜，是一道老少皆宜的菜食材主料。乡下农民有俗语“一丘萝卜，一丘芋，年前不要开谷柜”。

主食材：毛芋、萝卜、生姜、小香葱；辅料：油适量、盐适量。

步骤：(1)萝卜洗净去头尾，切厚片；(2)毛芋去芋皮切滚刀块；(3)油热后下毛芋翻炒均匀；⑷喷入料酒炒匀；⑸放入萝卜片炒匀；⑹加水没过萝卜毛芋，生姜片或丝适量；⑺等水开加盐适量，焖至毛芋熟透；⑻最后撒上适量小香葱，根据口味加上豆酱。

5. 毛店六月饼

“六月六，猫儿狗儿同洗浴”，这天是一年中最热的一天，也是三角毛店、深塘等村一年中最热闹的一天。早几天，家家户户就开始邀请亲朋好友六月六日这天前来过节。六月六日，每家必备的主打美食就是六月饼、豆芽菜。村民们早几天先将六月饼烙好、烤好，到节日这天，调好油汤，将饼蘸上油汤，放锅里蒸软，雪白油亮的饼就可以上桌了。客人用时还有讲究，六月饼得两个一起来（寓意好事成双），然后包上自己喜欢的菜肴，卷成卷，咬上一口，既带嚼劲又满嘴饼香，其味甚美。

6. 清明粿

每年的清明节，杨盆、丫溪、井潭、慈溪、止方等村都有“清明粿品尝”习俗，怡人美丽的自然环境，美味的清明粿，吸引着大批的游客前来游玩品尝。清明粿的制作方法复杂烦琐，通过采集田间的鼠曲草或艾草清洗捣烂，同晾干的水磨糯米粉、大米粉拌匀揉成团再擀成皮，然后包上馅料成形。杨盆清明粿的馅料分咸和甜的两类：咸的用新鲜的下山笋、瘦肉、自家腌的咸菜混合；甜的馅料有核桃仁、花生仁、芝麻、红糖等。

7. 番薯花（徽素花）

番薯花差不多已成为一种记忆中的小吃美食，往常只有在临近过年时才能吃到。番薯花不仅味道美，而且做法也繁杂，选一个晴朗的日子将番薯去皮蒸熟，与糯米粉混合，加入白糖、芝麻，用擀面杖擀成一个大小、厚薄均匀的面皮后，再切成一个个的小方形，用剪刀把小方块剪出花形，再捏成花形，利用天晴一次性晒干。要吃的时候放入油锅炸至金黄，吃到嘴里满口酥脆，既营养又易于消化，尤以慈溪村的番薯花最为正宗。

8. 柴叶豆腐

这种长相与龟苓膏相近的豆腐，原材料来自一种阔叶小灌木，叫豆腐柴，这种植物在赤岸山区内分布广泛。柴豆腐加工方法简便：将豆腐柴嫩叶摘下洗净，用手使劲揉搓，将叶片内的汁液搓出，呈浓稠状；再将液体倒入纱布中过滤，滤液渐渐融入清水中，接着不断地在纱布上加适量的由稻草或毛柴灰制作的碱水，静止数分钟后，便凝结成青绿色的果冻状物质，待其凝固干燥后，再用刀切成方块食用。柴豆腐有加糖或酱油调拌凉吃法，亦可加佐料煮熟吃，鲜嫩而带有清香，口感极好，并有泻火、清热功能，是盛夏防暑降温的佳品，是纯粹的自然绿色食品。

9. 赤岸酥饼

赤岸酥饼形如金黄蟹壳，面皮分层薄脆如纸，香松的酥饼。营养丰富被誉为：“入口酥碎，咸香可口，遇湿消融，即使牙齿脱尽的老年人也有口福品尝其味。”赤岸酥饼用上好的猪油，伴以适量蒸好的面粉，化油时加适量花椒、桂皮，再和面粉揉到一起。火烧皮用香油和面，包制好入炉，用文火烘烤而成。轻咬一口，外酥内脆并带着柔软，烤熟的芝麻香味醇厚，油而不腻，松而不散。再加上霉干菜混合肥膘肉烤制后能产生特别的香味，光是其香味就能让人垂涎三尺。

10. 红烧小鱼

食材：小鱼（本地溪里或水库里小鱼，石斑鱼最佳）。

步骤：⑴小鱼洗净备用，切好姜、蒜、辣椒、葱；⑵大火把锅加热，倒入菜油待油温升高，然后放入小鱼煎至表面金黄色翻面煎另一面；⑶小鱼两面都煎好后加入姜、蒜、辣椒，加入黄酒、酱油和适量的开水，大火烧开转中火慢煮；⑷煮到适量汤汁的时候加一点盐调味，然后加入葱，起锅装盘，这道红烧小鱼就做好了。

11. 腊肉炖笋

“春吃一口鲜”说的就是笋。笋含有丰富的纤维素、维生素和矿物质，尤其是所含的纤维素，可促进消化、预防便秘，而且其热量低，是减肥的佳品。

落山笋，是指刚刚上山挖的笋，而且还要是泥下笋，所以特别地嫩。咸肉和笋是很好的搭配，炖一起味道相当地好。咸肉是过年时腌的，挂在农家小阳台上。

食材：笋适量、腊肉（咸肉）适量、咸菜适量、生姜适量，咸鲜口味按人而定，满炖个把钟头即可食用。

提示：砂锅炖为最佳。

炒洋芋片（炒土豆片）

食材：洋芋、菜油、黄酒、葱。

步骤：⑴土豆去皮洗干净；⑵土豆切成片，用水冲洗，使上面附着的淀粉去掉；⑶先把锅烧热，倒入油，微热后放入葱、花椒爆香，再倒入准备好的土豆片翻炒；⑷等土豆炒得稍许变色的时候，此时锅里有即将粘锅的迹象，加入少许黄酒翻炒；⑸翻炒变黄色放入盐和味精，即刻关火，一道香喷喷的炒土豆片就出锅啦。

第六章

义乌国际登山健身步道

野菜类

野生菜是指自然生长的可作蔬菜食用的野生或半野生植物。本地野生菜种类多、分布广、蕴藏量大，风味独特，营养丰富。自古以来在独特的自然环境中生长的各种野生菜，因富含丰富的营养物质和独特的风味而备受青睐。野生菜质地鲜嫩，口味地道。野生菜不打农药，不施肥料，很少受到污染，是食、药同源的经济作物，具有医疗保健之效。在古代医药文献中，记载了许多野菜的治病、防病功效和调节人体机能的配方。本章节介绍有本地代表性的野生菜若干种。

1. 薤白（野葱）

薤白，别名小根蒜、山蒜、苦蒜、小么蒜、小根菜、大脑瓜儿、野蒜、野葱、野藠。属百合科葱属植物。李时珍说："其根煮食、糟藏、醋浸皆宜。"根色白，作药用，名薤白。鳞茎近球状，鳞茎外皮带黑色，纸质或膜质，不破裂；叶 3~5 枚，半圆柱状，中空，上面具沟槽；子房近球状。花果期 5—7 月。除新疆、青海外，全国各省区均产。生于海拔 1500 米以下的山坡、丘陵、山谷或草地上，极少数地区（云南和西藏）在海拔 3000 米以上的山坡上也有。

义乌低矮山丘、江堤、田坎塘埂到处零星分布的野葱，义东北一带叫"胡葱"，义西南叫"厘细"。义乌薤白一般 10 月份开始抽叶生长，夏季枯萎。中下部叶片切面为弯月半月形，上部略带圆筒形，绿色。10 月至次年 5 月均有采，2—4 月最是时候。野生"胡葱"香味浓郁远胜人工栽培的葱蒜，"胡葱"炒鸡蛋更是色香味俱全，是易得的美味，但"胡葱"性温，不能多食，多吃易眼糊、眼屎多，出现上火的症状。关于"厘细"义西一带还有个传说，说是吃了未响雷前的"厘细"会变"哑口"，叫人"惊蛰"节气前不要采食"厘细"。传言可能是吓唬人，因为如今春季响雷前赶时令尝鲜的人不少，却从没听说过谁吃了"胡葱"变哑巴的。但一些阴虚的人吃多了上火，出现牙根浮动、咽喉肿痛一时说不出话倒是有的。

2. 荠菜（香荠）

荠菜，又名护生草、地菜、地米菜、菱闸菜等，义乌俗称"香荠"，十字花科荠菜属植物，是一种广为人知、受人喜爱、食用历史悠久的野菜。野生荠菜味道鲜美特别，其营养价值很高，食用方法多种多样，可凉拌、炒食、制汤羹、煮菜粥、包饺子、馄饨和春卷等。荠菜还具有很高的药用价值，有和脾、利水、止血、明目的功效，常用于治疗产后出血、痢疾、水肿、肠炎、胃溃疡、感冒发热、目赤肿疼等症。人工栽培以板叶荠菜和散叶荠菜为主，冬末春初均可。传统习俗则是在特定的日子吃鲜美的荠菜煮的鸡蛋。荠菜味道鲜美，用来包饺子也是一个很好的选择！

3. 蕨菜

蕨菜，蹄盖蕨科蕨菜属。大型生地蕨类，高可达 1.6 米。叶簇生，叶片整体长度超过 1 米；一至二回羽状，边缘有浅齿，下面沿脉被锈色短毛，余处无毛。孢子囊群线形，生于全部小脉上，密集；囊群盖膜质，逐渐消失。

蕨菜，又叫拳头菜、猫爪、龙头菜，喜生于底山区向阳地块，喜湿润，幼嫩植株可供食用。义乌大部分地区均有，多分布于稀疏针阔混交林。其食用部分是未展开的幼嫩叶芽，经处理的蕨菜口感清香滑润，再拌以佐料，清凉爽口，是难得的上乘酒菜，还可以炒吃，加工成干菜，做馅、腌渍成罐头等。在义乌山区有广泛分布，而在当地餐桌上也受到了欢迎。

4. 稻槎菜（田荠）

稻槎菜，义乌俗称“田荠”。为一年或二年细弱草本植物，生于田野、荒地、溪边等处，分布于义乌农村。稻槎菜为菊科稻搓菜属的植物。

田荠对义乌人的贡献是巨大的，在青黄不接的春季，遍布田野，饥荒年间挽救了不少灾民。即使在今天，田荠也发挥着不可替代的作用，人们一提“忆苦思甜”就拿它说事。田荠饭淡淡的苦涩、淡淡的清香让多少人难以忘怀。田荠的名气够大，以至它的书名“稻槎菜”少有人知。田荠、香荠、米荠号称“三荠”，但田荠与香荠、米荠不同，田荠属菊科，香荠、米荠属十字花科。田荠全草药用主治咽喉肿痛、痢疾、疮疡肿毒、麻疹透发不畅、蛇咬伤。义乌田荠采挖最佳时期为 2 月中旬至 3 月。

5. 鱼腥草

鱼腥草，为三白草科多年生草本植物蕺菜的干燥水上部分，多生长于沟边、溪边及潮湿的疏林下。名见《名医别录》。宋苏颂说：“生湿地，山谷阴处亦能蔓生，叶如荞麦而肥，茎紫赤色，江左人好生食，关中谓之葅菜，叶有腥气，故俗称：鱼腥草。”其嫩茎叶，可炒食、凉拌或做汤，是民间的一道传统佳肴。

相传当年越王勾践做了吴王的俘虏，卧薪尝胆，发誓一定要使越国强大起来。但回国的第一年就碰上了罕见的荒年，百姓无粮可吃。勾践亲自上山寻找可以食用的野菜，终于发现了这一种。于是，越国上下竟然靠着这小小的野菜渡过了难关。因为这种野菜有鱼腥味，便被命名为鱼腥草。

鱼腥草在义乌向来作药用，用于治疗咳嗽。但近十来年一些外来“重口味”人士进驻义乌，药用鱼腥草转为菜用（尤其是根茎），昔日荒生野养的鱼腥草也逐渐转为庭院阴湿处种植（当然也有一些是前人为了治疗咳嗽而移植的）。鱼腥草因味浓以前作药用时都觉难以下咽，做菜更是不敢尝试，虽周边有人说鱼腥草根茎、嫩叶沸水焯、冷水泡后凉拌味道不错，但许多人终因过于保守一直没敢尝鲜。

宋朝苏颂对鱼腥草栖息地、形态特征等描述极为恰当，我市苏溪、上溪、赤岸等许多山区竹林下有野生，城郊江东一些山沟峡谷也有少量分布。

鱼腥草味辛，性寒凉。能清热解毒、消肿疗疮、利尿除湿、清热止痢、健胃消食，用于治实热、热毒、湿邪、疾热为患的肺痈、疮疡肿毒、痔疮便血、脾胃积热等。鱼腥草性寒不宜多食。

6. 马兰头

马兰头，菊科马兰属草本植物，义乌俗称“马兰”或“马龙斗”。是义乌食用普遍、知名度最高的几大野菜之一。义乌野生马兰采摘期主要集中在 3—4 月份。以前义乌野外马兰分布极广，乡村田埂路上到处都是。现在义乌许多地方野生马兰越来越少。很多农户开始把马兰根挖回自家庭院种植。

马兰全草或根可入药，味辛性微寒，有败毒抗癌、凉血散淤、清热利湿、消肿止痛作用。

7. 马齿苋

马齿苋别名：马齿草、马苋、长命菜、马齿龙芽、酱瓣豆草、瓜子菜、五行草、灰苋、马踏草、安乐菜、酸苋、耐旱菜。性寒、味酸，归肝经、大肠经。有清热利湿、解毒消肿、消炎、止渴、利尿作用。

⑴利水、消肿、降低血压：马齿苋含有大量的钾盐，有良好的利水消肿作用；钾离子还可直接作用于血管壁上，使血管壁扩张，阻止动脉管壁增厚，从而起到降低血压的作用。

⑵防治溃疡：马齿觉还含有较多的胡萝卜素，能促进溃疡的愈合。

⑶杀菌消炎：马齿苋对痢疾杆菌、伤寒杆菌和大肠杆菌有较强的抑制作用，可用于各种炎症的辅助治疗，素有“天然抗生素”之称。

⑷防治心脏病：马齿苋中含有一种丰富的 W—3 脂肪酸，它能抑制人体内血清胆固醇和甘油三酯酸的生成，抑制血小板形成血栓素 A2，使血液黏度下降，促使

血管扩张，可以预防血小板聚集、冠状动脉痉挛和血栓形成，从而起到防治心脏病的作用。

禁忌人群：凡脾胃素虚，腹泻便溏之人忌食；怀孕妇女，尤其是有习惯性流产的孕妇忌食。

适宜人群：一般人群均可食用。

8. 野苋菜

野苋菜别名刺苋、土苋菜、野刺苋、假苋菜、猪母苋、白刺苋、凹头苋等。野苋菜为一年生草本植物，植株高 10~30 厘米。茎斜向上生长，基部分枝，微具条棱，光滑无毛，淡绿色至暗紫色。叶片呈卵形或菱状卵形，顶端钝圆而有凹缺，基部为宽楔形，全缘。6~7 月开花，花簇生于叶腋部，后期形成顶生穗状花序。

苋菜叶富含易被人体吸收的钙质，对牙齿和骨骼的生长可起到促进作用，并能维持正常的心肌活动，防止肌肉痉挛。同时含有丰富的铁、钙和维生素 K，可以促进凝血，增加血红蛋白含量并提高携氧能力，促进造血等功能。苋菜还是减肥餐桌上的主角，常食可以减肥轻身，促进排毒，防止便秘。

苋菜常吃可增强体质，苋菜中富含蛋白质、脂肪、糖类及多种维生素和矿物质，其所含的蛋白质比牛奶更能充分被人体吸收，所含胡萝卜素比茄果类高，可为人体提供丰富的营养物质，有利于强身健体，提高机体的免疫力，有“长寿菜”之称。

苋菜能促进儿童生长发育。苋菜中铁、钙的含量均比菠菜高，为鲜蔬菜中的佼佼者。更重要的是，苋菜中不含草酸，所含钙、铁进入人体后很容易被吸收利用。因此，苋菜能促进小儿的生长发育，对骨折的愈合具有一定的食疗价值。同时也适宜于妇女和老年人食用，对牙齿和骨骼生长可起到促进作用；苋菜对于维持正常心肌活动，促进凝血也大有裨益，这是因为它所含丰富的铁可以合成红细胞中的血红蛋白，有造血和携带氧气的功能，最宜贫血患者食用。义乌乡村常将苋菜与马齿苋，一起视为骨折之人和临产孕妇的最佳食蔬。

9. 豆腐柴

豆腐柴，又称腐婢，马鞭草科豆腐柴属，落叶灌木，单生;叶片纸质，卵状披针形卵形，长 4~11 厘米，叶边缘有疏锯齿；聚伞花序组成顶生的圆锥花序，花冠二唇形，顶端浅裂，淡黄色；核果成熟时紫黑色。分布于山地林下或边缘，稍喜光。叶片揉碎有特殊气味，含果胶。豆腐柴的叶子，只要加清水，不需要加任何添加剂就能制成纯绿色食物。它不但含有大量的食用果胶、蛋白质、纤维素和维生素 C、粗蛋白质及 15 种氨基酸人体必需的营养成分，而且具有清热解毒、消肿止血，主治毒蛇咬伤，无名肿毒，创伤出血等医疗药用价值。

观音草，义乌俗名叫豆腐柴，它不但在义乌山区随处可见，而且分布于我国华东、华中、华南、西南各省海拔 500~1000 米的山区的沟边、路旁或朝阳的山坡上。从春天到秋天，山民们去采集其嫩叶制作“绿豆腐”，是一项开发潜力极大的勤劳致富好途径。

豆腐柴树叶蛋白质、脂肪、粗纤维、总糖含量较高，粗蛋白含量高于稻米、小麦、玉米、红高粱等农作物，豆腐柴树叶维生素 C、β 胡萝卜素及矿质元素含量也较为丰富，锰、铁、锌等微量元素含量超过一般叶类蔬菜；豆腐柴树叶氨基酸种类齐全，含量丰富，人体必需氨基酸占其氨基酸总量的 32.4%，因此，营养价值极高。

以豆腐柴树叶为原料制成绿色、半透明的胶状“豆腐”是一种无污染、安全的绿色保健食品，属消暑佳品，可凉拌和烹炒。以豆腐柴树叶为原料经过磨浆、去水、过滤、罐装、灭菌、凝固等程序可加工成果冻，口感细腻爽滑、肉质透明饱满，营养丰富，制作中添加不同果汁而呈各种水果风味。

豆腐柴树的根、茎、叶均可入药，性味苦寒、无毒，具清热解毒、消肿止血等功效，可治疗毒蛇咬伤、无名肿毒、创伤出血、痢疾、烫伤等症。

10. 野生小山笋

刚采摘的野生小山笋，非常鲜嫩爽口。一般经过开水焯去不必要的味道，直接炒着吃或用腊肉烧。笋营养价值十分丰富，它是一种高蛋白、低脂肪、富纤维的绿色天然保健食品。一般炒法有：油焖野山笋、野山笋烧腊菜、雪菜炒野笋、野山笋炒腊味、红烧野山笋。常吃笋，不仅能促进肠壁蠕动，增进消化，而且能将肝肠中有毒物质吸附带走，减少有毒物质的积留和促进肝肠吸收微量元素，对抑制癌细胞产生，防止胰腺退化，对延年益寿具有极为显著的药用功能。

中医认为笋味甘、微寒，无毒。在药用上具有清热化痰、益气和胃、治消渴、利水道、利膈爽胃等功效。尤其是江浙民间以虫蛀之笋供药用，名“虫笋”，为有效之利尿药，适用于浮肿、腹水、脚气足肿、急性肾炎浮肿、喘咳，糖尿病、消渴烦热等，嫩竹叶、竹茹、竹沥均作药用。

养生学家认为，竹林丛生之地的人们多长寿，且极少患高血压，这与经常吃笋有一定关系。

11. 地衣

地衣，生长在地上，形状如木耳，色似木耳。又称地耳，春夏在雨中生长，雨后应及时采取，因为它一见阳光就不能食用了。地衣味甘，性寒，无毒，主治目赤红肿、夜盲，能使人聪耳明目、肌肤润泽，精力充沛。

地耳，学名叫“普通念珠藻”，别名很多，有的地区称作石木耳、地软、地木耳、地皮菜、野木耳、地见皮、地钱、岩衣，也有人称作天仙菜、绿菜等；《本草纲目》上叫“地踏菰”，《养小录》中称“地踏菜”，《野菜博录》谓“鼻涕肉”；还有个富于诗意的名字，叫“葛仙米”。据《本草纲目拾遗》解释：“晋葛洪隐居乏粮，采以为食，故名葛仙米”。但一般人都把葛仙米混同为地耳，实际上真正的葛仙米与地耳同类而不同种。葛仙米生活在水田中，十分稀有珍贵，义乌山区有出产。地耳还有个怪名叫“雷公屎”，因其出现在雷雨之后，故名。还因为它是在河滩或山坡草地里生长出来的，故又称草耳。其肉质薄于木耳，做菜容易入味，口感松软脆嫩，是一种集美味、营养、功能于一体的充满山野风味的佳蔌。

12. 野生蘑菇

义乌山林面积多，地理环境差异悬殊，自然和生态环境复杂多样，形成了各种类型的森林植被，生长着千姿百态的真菌。其中，与人们生活有密切关系的就是野生蘑菇（寒蕈），它们常生长在林缘和林内的土壤、林木凋落物、入土木质材料、枯立木、倒木、伐桩和伐根上，能分解有机物质，起到了物质循环的作用。其中有许多种类是可食、药用和有毒的蘑菇。

蘑菇的利用也和粮食一样重要，开始广泛地成为人们日常不可缺少的食品，但人们在开发利用、采集、调查和购销野生蘑菇中，由于不易识别有毒与无毒（ 药用和食用 ），严重地影响开发利用，误食中毒者屡见不鲜，甚至致死。因此，为了满足农林科学知识的普及，提高广大群众文化科学素质，编写一本方便供调查和采集人员随身携带方便的野生蘑菇手册为现实所需要。

13. 金针花

金针花，学名萱草，别名：黄花草、忘忧草、七星菜、安神菜。属百合科，多年生草本植物，具有“观为花，食为菜，用为药”的美称，是人们喜吃的一种传统蔬菜。它的胡萝卜素的含量不亚于胡萝卜，是著名的碱性食品。因其花瓣肥厚，色泽金黄，香味浓郁，食之清香、鲜嫩，爽滑同木耳、草菇，营养价值高，被视作“席上珍品”。黄花菜炒肉是乡村家常菜之一。

金针花的食疗价值有：清热利尿，解毒消肿，止血除烦，宽胸膈，养血平肝，利水通乳，利咽宽胸，清利湿热，发奶。

第七章

义乌国际登山健身步道

赤岸物产丰饶，杨梅、茶叶、豆腐皮被称为赤岸“三大宝”；丹溪黄酒、五柳橘子、莱山山花梨等名土特产，历史久、产量大、质量好。

1. 赤岸茶史和茶叶的功效

有朋自远方来，沏一杯清茶，在袅袅茗香中谈情叙谊，不亦乐乎？客来敬茶是中华民族的待客之道，也是人们社交生活中不可缺少的礼仪，体现了中华民族的重情好客。而客来敬茶的风俗最早就来源于乡村。

唐朝茶叶生产大发展，物资丰富，商人业茶可以致富。随着茶马交易的发展，唐朝政府开始对茶叶征税。宰相赵赞建议税天下茶，十取其一。贞元九年（793 年），张滂创立《税茶法》，形成定制。文宗太和九年（835 年），王涯任丞相，极力陈述榷茶的益处，于是全国开始设置茶使，负责征购民间茶园，并规定茶的生产贸易全部由官府经营，禁止私营。至此，榷茶制度正式确定。根据记载：婺杨始祖杨虎，又名逊，字佰虎，唐回图使。后梁太祖开平二年（908 年）起，从茶叶运输贸易中纳税，用以军费开支和为朝廷采购茶叶。回图使属于朝廷的茶叶官吏。义乌赤岸一带受杨虎的影响，从此开始引种栽培茶叶，在 1000 多年以来形成了晓峰“白云奇茗”，慈溪“白毛尖”、莱山“莱峰”龙井茶、“毛店花茶”等品牌。

杨虎世居开封五丈河。后周显德六年（959 年），京师兵乱，为避兵乱，举家迁徙吴越，后又徙居赤岸，杨虎葬于双林乡之东晴山，东晴山位于赤岸镇赤岸二村杨庵坑，坟墓至今保存完好。杨虎被尊为浙江的“茶祖”。

赤岸茶树品种以鸠坑为主，面积达

600 万平方米，还有部分引种新品种茶树，主要生产绿茶，也生产少量龙井茶、红茶等。

茶叶中富含茶酚、磷儿茶素、维生素 E、黄酮类等物质，经常喝茶有益健康。

⑴软化血管：茶水可使血管中血清胆固醇和纤维蛋白含量降低，从而降低血脂，软化血管。

⑵消炎：茶水有收敛、消炎等作用，能预防肠道传染病。

⑶茶水可分解烟草中的某些毒素，尤其能抑制尼古丁对人体健康的影响。

⑷抗菌、抗病毒：茶水有抗菌、抗病毒、消毒等作用。对清洗小伤口、止血、止痛等作用相当明显。

⑸防龋齿：茶水漱口可防止龋齿生成，有利于口腔卫生。

⑹煮沸的茶水冷却后，涂在嘴唇疱疹处，四五天后嘴唇疱疹即可逐渐消失。

⑺茶叶有抑制细胞突变与癌变的作用，而且有抑制癌细胞的生长和扩散作用，长期饮茶能降低食管癌、胃癌、肠癌等消化道肿瘤的发病率。

⑻茶水可提神醒脑、清热解毒，具有明目、消滞、减肥之功效。但绿茶对性寒的人胃不利。

2. 杨梅

杨梅，又名龙睛，朱红，因其形似水杨子，味道梅子，故取名杨梅。属杨梅科植物，赤岸杨梅果大核小、红紫相间、汁多味甜，色美，营养丰富。

杨梅具有祛暑、健脾、增食欲，润内脏，除烦愦恶气之功效。炎炎夏日，吃几颗白酒浸泡过的烧酒杨梅，除了止水泻还可以预防中暑，深受人们喜爱。

“山盆下水碓，杨梅整大堆。”赤岸镇有杨梅 333 万多平方米，杨梅生产已有 1000 多年历史，主要有：炭梅、荸荠梅、东魁，被称为“杨梅之乡”。下水碓、山盆、上清溪、下清溪、羊印一带的农民在每年杨梅成熟的时节，都自发地举办一些民间文娱活动，以表达对杨梅丰收的喜悦之情。于是就形成了这一带特有的民间传统的节日——“杨梅红节”。在当地只要听说家有女儿嫁在山盆或下水碓时，对方总会很羡慕地说：“那你家每年就有杨梅吃了。”

梅雨时节正是江南杨梅成熟的时期，翠绿的树上挂满了紫红色的杨梅，煞是好看！而作为义乌的“杨梅之乡”，那漫山遍野红中透紫、散发着诱人清香的杨梅，他们在采收季节前几天，就邀请各方的亲朋好友前往吃杨梅。客人吃完杨梅回家时，手里总是拎回一篮作为回头货。渐渐地，一年一度的杨梅熟时，有杨梅的村庄就分外热闹。

杨梅，属于杨梅科乔木植物，具有很高的药用和食用价值，在我国华东和湖南、广东、广西、贵州等地区均有分布。药用杨梅，以根、树皮及果实入药。根及茎皮全年可采，去粗皮切片晒干备用。果夏季成熟时采，鲜用，干用或盐渍备用。杨梅圆圆的，和桂圆一样大小，遍身生着小刺，等杨梅渐渐长熟，刺也渐渐软了，平了，摘一个放进嘴里，舌尖触到杨梅那平滑的刺，使人感到细腻而且柔软。杨梅先是淡红的，随后变成深红，最后几乎变成黑的了。它不是真的变黑，而是因为实在太红了，所以像黑的。当你轻轻咬开它，就可以看见那新鲜红嫩的果肉，同时，嘴唇上舌头上也都染满了鲜红的汁水。杨梅的功效与作用有很多：根、树皮：苦，温；散瘀止血，止痛；用于跌打损伤，骨折，痢疾，胃、十二指肠溃疡，牙痛；外用治创伤出血，烧烫伤。杨梅果助消化增食欲：杨梅含有多种有机酸，维生素C的含量也十分丰富，鲜果味酸，食之可增加胃中酸度，消化食物，促进食欲。杨梅果还有助于收敛消炎止泻：杨梅性味酸涩，具有收敛消炎作用，加之其对大肠杆菌、痢疾杆菌等细菌有抑制作用，故能治痢疾腹痛，对下痢不止者有良效。杨梅果还可以祛暑生津：杨梅鲜果能和中消食，生津止渴，是夏季祛暑之良品，可以预防中暑，去痧，解除烦渴。所含的果酸既能开胃生津，消食解暑，又有阻止体内的糖向脂肪转化的功能，有助于减肥。优质杨梅果肉的含糖量为12%~13%，含酸量为0.5%~1.1%，富含纤维素、矿质元素、维生素和一定量的蛋白质、脂

肪、果胶及8种对人体有益的氨基酸，其果实中钙、磷、铁含量其他水果的10多倍。

3. 朱店豆腐皮

豆腐皮是义乌传统名特产品，不但营养价值高，而且还有独特的鲜美之味。蛋白质含量达18%~54%，并含有多种氨基酸和维生素。因此，素有“植物肉”之称。

豆腐皮来自大豆，大豆的营养成分非常丰富，其蛋白质的含量约是谷类和薯类食物的 2.5~8 倍，其他营养成分如脂肪、钙、磷、铁和维生素等人体所必需的营养物质，都明显高于谷类和薯类，是一种理想的优质植物蛋白食物。常吃大豆不仅能益智健脑，而且还具有抗衰老、降血脂及胆固醇、预防中风和防癌的作用。

豆腐皮的烹调方法很多，可以煮、炖、炒、蒸等，尤以蒸煮为佳。据说，这样能够保持豆腐原汁原味。在乡村，逢年过节，红白喜事，可以制成多种美味可口的豆腐皮包、豆腐皮鸡、豆腐皮肉（响铃）、豆腐皮蛋花、豆腐皮荤素、豆腐皮饺子等菜肴。在农家乐的餐桌中，用豆腐皮做成的炸响铃，香脆可口，在酒席上亦素享盛名。

说起豆腐皮的由来，还有一个传说故事：不知在哪朝哪代，义乌乡下一麻脸的村妇，平时人们叫她为麻婆。麻婆非常勤劳，她每天起早贪黑靠做豆腐度日。她做的豆腐清香细嫩，闻名远近。

有一年重阳节，邻居王妈的儿子一早去集市卖柴后，买了斤把猪肉，挑在柴棍上，高兴地回家。走在半路上，突然“汪！汪！汪！”狗叫声，蹿出一只疯狗来，抢去了他的猪肉。王妈的儿子回头一看，抬腿一脚踢去，又被狗咬了一口，鲜血直流，疼痛难熬。王妈儿子真是恨透了，随手朝狗身上打了一扁担，疯狗跌到河里，淹死了。

蝎子尾巴马蜂针，最狠不过老财心。当老财得知家狗被人打死时，大兴问罪之师，说要一命抵一命，硬要王妈儿子买棺材，替狗成殓厚葬，还要披麻戴孝，请十二和尚、十二道士给狗做三天三夜道场。否则，就送衙门治罪。

这件事被王妈知道了，王妈心里非常难过，就号啕大哭起来。正在这时，麻婆刚把豆浆煮沸即将点花（做豆腐关键程序：就是点盐卤使之凝固成块），麻婆听到王妈的哭声，连忙过去相劝一番。谁知等麻婆回家，锅内煮沸的豆浆面上，已结成厚厚的一层皮。麻婆一看，觉得好奇，便用竹筷轻轻地把这层凝固的表皮捞起，用嘴尝尝，觉得细细嫩嫩又柔软，具有独特的清新滋味，味道比豆腐更好。于是，麻婆索性不点上盐卤了。就这样，让豆浆结下一层皮，她马上捞起一张；结下一层皮，又捞起一张。晾干后，色泽光滑微黄，如玉，腻如脂、薄如纸，又柔软、又美味，久放也不易腐烂变质。人们吃了豆浆上结出的皮，都说是豆腐浆的皮。于是乎，一传十，十传百，大家都称它为豆腐皮了，久而久之，名声越传越广。

这就是“豆腐皮”的由来。

朱店村豆腐皮，从清朝开始，盛于 20 世纪 80 年代，80% 的村民都捞豆腐皮，是远近闻名的豆腐皮专业村。每天销售豆腐皮达到 6 万多张，年消耗黄豆超过 25 万千克，主要销往上海、北京、天津等城市，给村民带来丰厚的经济效益。朱店村的豆腐皮薄如纸，一张豆腐皮厚度不超过一毫米，有“薄如蝉翼、嫩滑香甜”的美称，被评为金华市非物质文化遗产。

制作豆腐皮主要程序：优质的黄豆先用石磨碾去壳，然后将浸泡好的黄豆用石磨磨成浆。磨好的豆浆倒入锅内，用柴火煮沸。等到锅面结出一层皮时，就可以捞豆腐皮了。火候得人工控制。

现在豆腐皮产量大，用机器磨出豆浆，放进大锅里煮熟。半机器化进行，做好的豆腐皮也专门在烘干车间内晾干。早前烧火烘干，豆腐皮容易卷起或变脆；现在用蒸气烘干，豆腐皮不仅能保持良好的柔软度，还干得快。

朱店捞豆腐皮

第八章

义乌国际登山健身步道

附件

1. 东岩书舍与孝冯祠

赤岸村古称乌伤蒲墟，群山环抱，中为冲积盆地，南天一线，高山峻岭，东南乔岳山，双峰插云；南有“人”形山，官山尤如拱壁，西南西天门大寒尖群峰含翠；西有八宝山葛仙峰环护；北出十字绞飞凤山，广野平川，为义乌腹地，近视八面九条丘壑来朝，古称九龙落脉之地。唐武德时曾为华川县治所。东邻东阳，南接永康、武义，西邻金华，乃四方通衢。源于枝岭之丹溪与源于枫坑之吴溪交汇于村西。村西有山曰西岩，象形卧狮，俗称狮子岩。西岩邻溪，溪旁有寺。隔溪是朱姓后裔聚居地。村东有丘称东岩，东岩建庵曰东岩庵。庵西是孝冯后裔聚居地。

南宋宁宗嘉定年间，义乌先贤徐侨，进士出身，在朝廷任职，是当时有名的政治家、理学家，以博学、刚直显达煊赫于世，终因上书陈述官场陋习，遭到权臣弹劾，罢官归故里。当时赤岸孝冯氏家族，为义乌名门望族，“祖孙九进士，兄弟俩尚书”，诗礼传家，书香门第。闻徐侨归来，孝冯后裔冯度（迪公郎，江山县丞）慕其高洁、博学，亲延为师。徐侨也敬重孝冯氏族应从之。据孝冯宗谱元泰定乙丑（1325 年）重修谱序记载：“乡先达徐文清公侨、廉介士也。性所不合不能交，独于吾族雅敬重。遂就东岩庵后，捐己资创中庭一间为讲道所。一时名流如叶通斋、朱励志诸公咸肄业于此。吾族子姓多登其门。”徐侨感叹世风日下，尝与孝冯裔孙冯仲芳言道：“近世风偷薄，平居酒食游戏，生死不负，及利害仅毛发便反眼若不相识。予家孝友、雍睦云礽，必有兴者。”徐侨亲历官场和接触社会阶层，上视官场腐败，下视世风日下，他身为孔门子弟之一介儒生，受理学熏陶，欲效法先圣孔夫子办学育人，从头做起，且敬仰冯家尊师重教之家风，欣然应冯家聘请来赤岸办学。元至正甲午（1354 年）同里庠生朱无忌为孝冯家宗谱重修作序。序中记载：“东岩庵即其家东之山也。其摩崖刻庵名三大字。”即“东岩庵”三字，今尚存焉，是徐侨手迹。其后徐侨在讲道所旁建屋安居，前后十七年。后人敬仰之，称其居所为清德里。义乌明万历县志载：“徐文清公祠在

县南四十五里清德里，久废。宣德初，嗣孙徐季德率族人创祠静安里桥西以祀。”说明徐侨久居赤岸，后人立祠祭祀。孝冯祠堂记载：“孙迪公府君（冯度）创祠东岩下，祠制祭法一若于礼，惜期坏于兵燹。”可见都是在元兵南侵时，冯姓古祠、东岩书舍和徐文清公祠等建筑物同时因兵火被毁。

宋理学为北宋时大学者程明道所开创，亦称宋学。是将道、儒、佛三教合为一之学。释迦牟尼之佛教说的是“四大皆空”，把修行的目的视为脱离尘世的痛苦，追求出世（脱离苦海）到极乐西方世界。孔子的儒教真实目的是培养合乎当时需要的官员。古代封建社会，帝王是至高无上的最高统治者，但他一人无法完成有效地统治，必须依靠庞大的官僚集团来完成。而官员应德才兼备才能胜任，有德无才或有才无德者任职，结果只会祸国殃民。所以读书人想立志报效国家，管理百姓，就必须走儒家设计好的立志、修身、齐家、治国、平天下之道路，就是修炼投身社会之法。道家老子说“道法自然”。老子洞察到宇宙万物，其变化、发展都有一定规律，提醒人们要尊重自然规律，简言之叫“顺其自然”。把三教中的精华所在合在一起，即以佛教之法治心，认清世界万物本质上都是空的。不要过分追求功名利禄来满足无穷的欲望。心存善念，求得心灵清静。以孔子之法治世，修炼成有抱负、有理想、有道德、有才干、负责任的社会管理者，即各级官员。再按老子“顺其自然”之法实行之，避免胡行蛮干。把治心和治世一体化，叫内外双修，理学的影响深远广大，为后世所循行。

理学的传承者，随着研究深入和各学者多有侧重，分成若干派。浙江就有浙东学派和浙中学派。徐侨是浙中学派大师吕祖谦之门人叶邽的学生。他颖悟好学，行为端庄。在赤岸东岩书舍办学授徒十余年，潜心理学，传经论道，培养了众多名流，如朱元龙、康植、朱中、叶由庚、龚应之等。其中多人陆续考中进士入仕做官。

自徐侨办学始，经南宋、元、明、清四朝，相继有义乌籍士人考中进士，达五十余人。其他如秀才童生之类读书人，不能入仕途为官，很多都选择为师执教，培养人才，传承理学。先前办学并无今日之教科书，全是各学派传人教授之。而教师的性格、品行、学养都成为学生今后为人处世的楷模，所以形成了各学派的不同风格。所以说宋明理学对后世影响至深至远。他们所建立的文化传统，即今人称谓“价值观”。如“国家兴亡，匹夫有责”“威武不能屈，富贵不能淫，贫贱不能移”“天理良心”等观念，造就无数英才，自觉成为人们的行为规则。元、明、清至民国，诸多读书人除了研究传授理学，也开始以写话本小说、编剧本、唱道情、花鼓形式，传播歌颂忠、孝、节、义。通过这些典型人物故事传播，使很多目不识丁的百姓得到教育，普及了文化传统；使普通百姓也分得清是非好恶，树立了做人做事的行为准则，促进社会的安定进步。所有一切都是传统文化和理学在各方面传承之结果。承东岩书舍遗风，义乌缙绅富户普遍支持和重视办学，社会上也以苦读书为风尚，成就了义乌人刚正勇为、勤耕苦读之乡风。

所谓孝冯祠，是赤岸冯姓祖上子华公父亲冯嗣（文林郎，宋王室参军，赠礼部员外郎）谢世，子华在墓旁搭芦棚守墓三年不入家门。其间墓上长出灵芝，墓旁有白兔相伴。百姓见之广为宣传，认为是子华行孝行为感动天地神灵而出现的异象。邑侯得知后，奏报朝廷，朝廷为教化百姓，弘扬孝道，敕封子华为“孝子”。裔孙引以为荣，为教育后代子孙奉行孝道，将孝字冠于姓前，称“孝冯氏”。宗谱称“孝冯氏宗谱”，祠堂称“孝冯祠”。

东岩书舍与冯姓祖祠都在宋末遭元兵火毁，孝冯后裔在废墟上重建宗祠，特别在明成化丙申（1476 年）扩建，前后三进，后进九开间规制，这与祖上道传公遵父嘱有关。友仁公在宋咸淳甲戌（1274 年）以贡生出身出任溧阳教谕，宋亡后坚守志节。宋状元刘梦炎（浙江衢州人）官至宰相，宋亡降元，为元朝重臣。知友仁贤能，屡荐朝廷召请，友仁坚拒不受。此事朝野影响很大，受到广大士人尊重。翰林承旨知制诰，元代著名书画家赵孟頫为友仁撰墓志铭曰：“国为纯臣，家为孝子，完节首阳，潜德梓里，不朽者名，奕奕青史，食报于天，其在子孙。”明末朝廷重臣张国维（东阳人）刊行郑思肖《心史》一书，请冯维位（明代贡生、在朝廷任职）作跋文曰：“时（南宋都城沦陷时）以溧阳广文绾篆（任教谕），集诸生（生员、秀才）号恸于明伦堂（痛哭失声说：“孤臣无力回天，焉有北面二姓之理”），焚印授遁归（烧掉文书官印，归故乡赤岸），更号遁斋，戒族姓（姓冯家族），毋胡俗，毋胡士（不穿元朝服饰，不做元朝的官）。遗命有‘胡虏无百年之运，韩亡子房奋’。（言刘邦谋臣张良，韩国人，为雪秦灭韩之仇奋斗）勉报宋恩，以毕吾志。（报宋皇恩，一定要完成我的愿望）故终元九十三年，而全家种田读书，称宋里。迨太祖（朱元璋）驻毕积道山，（攻打金华司令部）道传公（友仁之子）以牛酒迎犒（牛肉美酒迎接犒劳）。出语人曰：‘吾属有真主，吾父之志毕已。’（告诉大家说，我今归附真命天子，我终于实现了父亲的遗愿了），首转八百石饷（首次捐粮饷八百石，每石 120 市斤，合 960 担）。以老不授官，而服赐衣归，（元璋授以官职，以年老为由辞谢，穿戴着朱元璋赠送的衣冠荣归故里）登基后（元璋南京登基做皇帝），子始应征辟，（他第三子冯翊始应考入翰林，外放到江西新淦县做知县）从孙始魁首科焉。（洪武五年首次开科取士，从孙冯思忠以礼经中浙闱第五名）”因为祖上有此功劳，特许建九间规制祠堂，以示皇恩。为纪念友仁公忠节，学道大人向朝廷请谥，封赠“忠靖”名号，邑候周大人亲送友仁公神主入县先贤祠奉祀，后被奉祀于义乌县孔庙中，受人尊崇。

今遗存的孝冯祠，自明景泰甲戌（1454 年）至成化丙申（1476 年）经 20 余年始完成重建。坐北朝南，原为三进，现存正厅、后厅二进。正厅明间设穿堂通后厅（穿堂为清嘉庆时建），三进前低后高一步台阶。硬山式，阴阳合瓦，铺望砖，遗存占地1336平方米。正厅面阔五间，明次间为五架抬梁，前后双步，用四柱九檩。前后檐柱分别施牛腿，出挑檐檩，柱子为石柱、金柱圆形，檐柱方形。脊檩、金檩、檐檩为圆形，其他方形，檩梁架月梁为长方形，前后月梁雀替分别雕“暗八仙”卷草图案。后檐檩与枋之间施“工”字拱。明间檐柱刻“祖孙九进士，兄弟俩尚书”一楹，余柱楹被毁。后厅面阔九间，明次间五架台梁，前后双步。用四柱九檩，前檐柱施牛腿，出挑檐檩，柱子均为方形石柱，施柱头科，下置方形柱础，覆盆。金檩为方形，其他为圆形檩，梁架、月梁、雀替上饰回形纹，梢间、尽间为穿斗式，用五柱、通柱，檩下施素面替木，柱下置倒蘑菇形柱础。檐柱置夔龙纹牛腿，上施一斗三星撑檐檩。穿堂雕刻精美，牛腿有八仙图案，双狮戏球，鹿衔灵芝，额枋雀替上雕蝙蝠、宝瓶、石榴、佛手、桃子、柿子及花草，寓意吉祥。现存厢房东西各四间，两边走廊。正厅左右前各置石碑，分别是《赤岸冯氏祠堂记》《冯氏祠堂崇田记》置须弥座上，是明嘉靖二十年辛丑（1541年）立。祠堂西面有楼房12间，伙房3间，被拆前进建筑格式与中厅一样，只是石柱都是方形。二厢各五间，前进中厅朝中进有戏台，飞檐斗拱，前置圆形石柱，牛腿是狮子抢球图案。台前靠中厅檐下二方池，中厅大道及池沿铺青石板。天井植柏树、冬青、花草。祠前大明堂有900平方米，前有围墙、飞檐台门、圆石柱，围墙用细磨花砖，砖雕砌成（今尚保留部分构件）。1951年《土地房产所有证》，登记栏：户主赤岸乡校，建筑房产65间，面积3500平方米，内基地900平方米，合计约4400余平方米。

孝冯祠堂，除时节用于祭祀祖先外，承祖制平时用作学堂办学，供近地各百姓子弟读书。解放前，笔者去祠堂玩，就看到前大厅和中厅明间用屏风隔成几大块，放着简陋的课桌凳，课桌是块长木板，分两层，下以四腿支撑，上放书簿、笔、砚台，下放书包，凳是两人同坐矮板凳。学生分年级在里面读书，先生穿着长衫布鞋，文质彬彬。1952年，学校拆除后放置祖宗牌位的神龛。后又规划建成教室。全祠堂建有教室十余个，中进大厅做大礼堂，中、前进主祠西厢为办公室，还分隔成许多教师宿舍、贮藏室、厨房、厕所等功能齐全的完整小学。下雨下雪，在校内往来无须踏湿。解放初叫赤磊区中心小学，撤区后称乡中心小学、人民公社中心小学，建镇后称镇中心小学。孝冯祠作为办学基地，解放后50年，培养了4500余名学生。从宋代东岩书舍，到后来祠堂办学，成了教育的风水宝地。如今，东岩书舍虽无迹可寻，但从遗址上立起来的孝冯祠，继续着培养后人的重任。虽历尽风霜雨雪，改朝换代，经十数度修葺，其风采依旧。

孝冯祠在历史的长河中也遭到了人为破坏。1942年农历四月初八，日本兵从东阳进驻赤岸，占领后把孝冯祠作大队指挥部三年，在东岩山顶，村对面官山顶，西南网山顶，十字绞山顶设炮台。祠堂内中进的屏门、牌匾、神龛，西边十二间楼房全被毁，于 1947 年修谱时重修恢复旧貌。1952 年，学校升级为六年制完全小学，拆除了飞檐台门和砖雕围墙，把拆下来砖筑后厅教室隔墙。后来觉得没有围墙不安全，用毛竹片编成围墙。在 1958 年，东朱、毛店、尚阳、赤岸四个乡合并，成立赤岸人民公社，开成立大会那天，有上万人参加。刚开会，突然天昏地暗，暴风骤雨，上万人无处躲雨，全往祠堂跑，竹围墙踏成平地。当时正风行拆坟砖、垒高炉，大炼钢铁，学校也乘机向群众收购坟砖，二分钱一块，垒砌成围墙。1966 年下半年某一星期日，佛堂区中心小学造反派组织闯进赤岸小学，对祠堂建筑物构件如牛腿上的人物、动物、雕像用锯、凿毁坏之（带领人是赤岸籍朱姓教师）。

孝冯祠是一处有着历史价值和文物价值的古建筑，可惜未被珍惜。二十余年前，为了在大明堂新建教学楼，打算拆除前中二进主体建筑。我们痛心之余，上书时任宣传部部长杨守春，陈述保护文物理由。杨部长得知后十分重视，经调研后决定再保留中进祠堂。今天才能有幸看到二进规模主体建筑。后新建三层教学楼因质量问题不合格，评为危房。小学再易地东岩之北重建。孝冯祠前进及二厢建筑，白白成了牺牲品。随后在中进前沿筑墙封废十余年，漏雨严重，构件多处受损。此情上达市文博馆，引起重视。告诉我们先行保护，重点抢修，并派省级测绘单位进行勘测、绘图、摄影，列入文保，上报市府待修。市政府领导宋英豪今春来视察调研，正规划拨款重修。镇党委、政府也极为重视，将东岩书舍遗址孝冯祠列为赤岸第一旅游点，支持群众自发保护。2008 年 8 月间，赤一村领导曾经在祠堂后开门入内办厂，无偿使用牟取私利，引起赤岸、乔亭、石城、黄路村民共愤，1500 余人签名要求保护祠堂令其撤出，在政府支持下得以实现。2007 年赤岸四个村联名上书市政府，要求立孝冯祠为文保单位和拨款重修。群众也响应党和政府号召，已用去自筹资金近 10 万元，先行解决漏雨问题，拆危房、拆教室，恢复祠堂原貌。

文物古迹是中国传统文化的载体，看到孝冯祠，就令人追忆起远去的东岩书舍，想到为我们创造中华文明的先贤们。保护和利用文物古迹，前途光明而任重道远。让我们继续响应党和政府的号召，为弘扬文化、继承传统而努力。

2. 黄大仙故里——丹溪

晋代道学家葛洪著有《神仙传》。《神仙传》中的神仙其实大都是历代著名的道士，经修炼而成仙，各位神仙有他们的出生地、出生时间及生平事迹。其传首句云："皇初平者，丹溪人也"，语气笃定，不容置疑。故事说初平十五岁时，在家牧羊，一云游道士见牧羊儿“颖悟、俊拔秀耸，有异相”。（见金华赤松山志《二皇君》，明正统道藏本）遂带他到金华山石室修道，终成神仙。

皇初平者，黄大仙是也，家在丹溪。那丹溪又在哪呢？查阅婺之各地，唯义乌（古乌伤）古蒲墟（今赤岸）有溪名丹溪。《义乌县志》卷十五《政事》篇，载有“南齐（479—480年），朱幼，字长明……祖朱汎，字孝祥，晋永兴（304年）中，任临海太守，秩满致仕，徙义乌蒲墟村，浸成大族。后朱女适王亲，迎之日，两族车红辉映溪岸，因名蒲墟曰赤岸。后既又改为丹溪”。这是现今史料出现最早“丹溪”之记载。在晋之后南齐时，居蒲墟的名门望族、三郡太守朱幼，又与王亲联姻，盛况空前。仪仗队映红溪岸的景致被王亲贵族的宾客颂之曰“赤岸”，朱氏也以此为荣，遂改名为赤岸流传至今。“后既又改为丹溪”以小字附后，显系为前文所补充，意思是说后来也有以溪名称丹溪的。

汉、晋时期，蒲墟为义乌南部重镇，其地理位置在今东邻东阳、南靠永康、西南接武义、西连金华。要不然，曾任东阳郡太守、临海太守的朱汎在致仕后何以会选择蒲墟定居下来。

古蒲墟村东、西有溪水环抱。西边溪名吴溪。《三国志》第五十九卷《吴书》记载：“孙皓即位，追和、霸旧隙，削基、壹爵土，与祖母谢姬，俱徙会稽乌伤。”时，孙权之孙孙基、孙壹和祖母谢姬，被新登基吴王孙皓打击、排挤出京城，远徙乌伤，从水路而来，到（吴）溪入江处溯流而上，把这条溪称之吴溪。

村东也有溪回环，在南齐时应已称丹溪。晋代葛洪是《神仙传》作者，字稚川，号抱朴子，丹阳句容人。其父随孙皓降晋。葛洪自称“少有定志，决不出身”，他的本志即修道成仙，“养性全真，在我而已”是为追求个性自由，故喜仙道，宁可辞官不做，专事炼丹学道。他这种内道外儒的做派，也是魏晋时期士大夫普遍的价值观。他以此安身立命，修道之法也与人不同，认为服食金丹才能长生，他的拿手好戏就是炼丹，有各种炼丹方法著述传世。是最著名的炼丹家。

他来义乌，已有人考证过。他记述皇初平、皇初起兄弟得道成仙之事详尽，且事就发生在义乌，他一定会寻访神仙故里。其故里就在东溪上游500米许，后人称

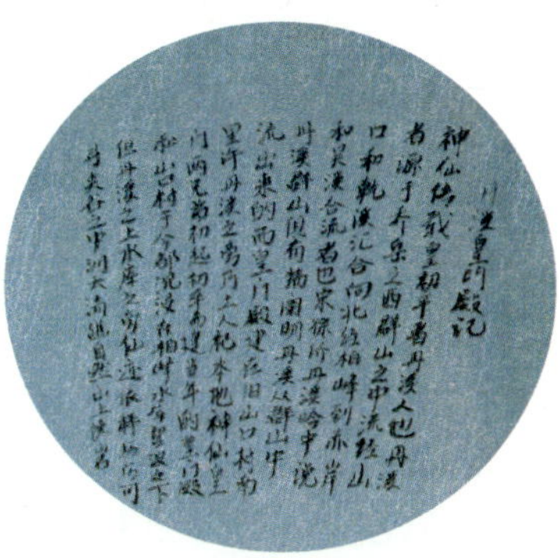

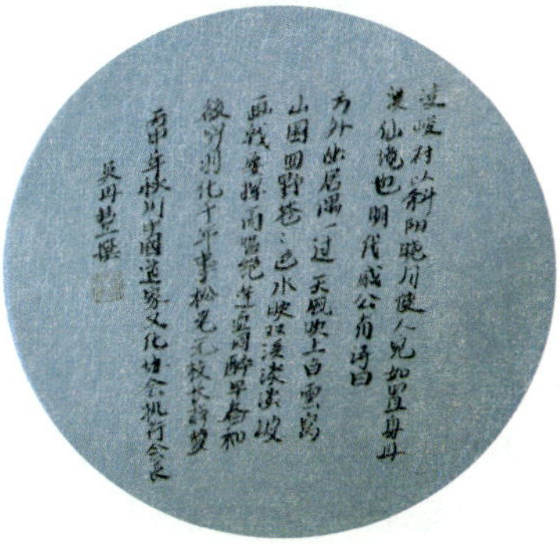

之山口村。山口村山环水绕，风景别致，人杰地灵。古人特别是道家笃信风水。这里出了两位神仙，必有灵气。修道者为吸取天地之灵气、日月之精华，会选择神仙故里住下来修道。而他又是历史上以炼丹术而著名的道家，他在此结庐炼丹就是顺理成章的事了。他把隐居地前方的溪称之丹溪是多么有意义的事。所以有《神仙传》开头“皇初平者，丹溪人也”这样肯定的语气。故丹溪之名来自葛洪住神仙故里炼丹而得名。

以上是以推理得出的结论，但仍有史迹和古迹可寻。原山口村之南，有一座供奉皇初平、皇初起的庙宇，称“皇门殿”。建庙时间无考，但《神仙传》中有记载：“弟独得仙道如此，吾可学乎？初平曰‘惟好道便可得之耳’，初起便弃妻、子留住，就初平学，共服松脂茯苓……后乃俱还乡里，亲族死终略尽，乃复还去。初平改字赤松子，初起改名为鲁班，其后服此药得仙者数十人。”可以想见，兄弟双双入道成仙，回到故里看望，还传授成仙方法之一，即辟谷术，不食五谷荤腥，而独食松脂茯苓，也有数十人成仙的事。村里出了两位神仙，是何等大事。须知秦、汉、晋三朝，从皇帝到平民都尊崇道教，入道修行，把当神仙作为最美好的、最高理想去追求。村里村外，捐钱为二皇建庙宇，保一方平安幸福，成了乡民的合理诉求。庙宇历久，代有兴废，只要香火不绝，庙宇就能永续。可惜，黄大仙成仙的故事被好事者编成二仙斗法，谁先筑好蜀墅塘、盘塘，以鸡鸣为号分胜负，结果修蜀水塘的神仙作弊先学鸡叫，唤众鸡齐鸣，筑盘塘神仙刚赶下群石就闻鸡鸣遂作罢。后知其作弊，气愤入壁，叫“神仙吸壁”。这有趣的杜撰故事掩盖了黄大仙出生于丹溪的传说故事。同时也是道教在义乌逐步走向衰落的必然结果。

神仙故里的风貌如何？宋代有习儒学者成氏见山口村是块风水宝地，举家迁居，建有鄗堂。在其家谱卷二《艺术集》中，有一篇《鄗堂记》记述山口村山川胜迹，今复录如下，以慰神仙故里被湮灭聊表一丝怀念之情。

《鄗堂记》云：“义乌之南五十里，曰鄗堂，乃祖居处也。其东南四峰，嶙峋轩昂，望之足令慷慨，且又峰岩壁立若翡翠；左右诸山献奇拱秀，如人环揖不绝。数十里泉流，一带曲曲而行，至若春景明媚、夏景清凉，与夫嘉禾秀而荫繁，飞雪凝而玉立，则四时之景无穷，而赏玩者又何穷也。予先人爱其地，故隐居于此……”

何以见得鄱堂在神仙故里呢？成氏后裔成均、成子美、成汝鹏等与赤岸冯仲容、冯伯和、冯大纲为朋友，诗唱往来。成氏宗谱卷二《艺文集》有数十首描写当地胜景和人事的诗，如冯仲容《次韵答成子美》诗首句即云“三石溪头子美家，客来扫榻便供茶”，说明居鄱堂成氏在三石溪头（今二大石没入水库，水位低时露出，一石在水上坡地）。永康友人吕元明《宿鄱堂千户侯谩兴》诗曰：“人世应知别有天，寻真谷口立风烟”，谷口即今盘塘坑与深坞坑相交汇处，也是“山口”村名的来由。赤岸乡进士冯大纲《过太常寺少卿（成氏迁居祖）故居》诗曰：“传家唐宋久簪缨，里号先年称世卿”，表明成氏始迁祖故居在此。成汝鹏《南窗夜读》诗：“精庐卜筑从南宋，云霞五色连高栋”句，说明高楼鄱堂建于南宋。赤岸朱肖梅作《从黄渭卿游石洞》诗：“偶从长者扣云关，直向人仙问此山，别是一天真境外……”也表达了当时已知有人仙来过此山此洞。解廷埏有《北野春耕》诗曰：“伯劳枝上语间关，驱犊农夫事北原”，北原即是村北广阔农田。以上诸诗作，足以说明鄱堂者，就在神仙故里后称“山口”之地。

皇门殿自古以来就建在村南，而村之居民代有更替。皇氏晋代消失了，其他姓氏未有显者，也就没有资格可以载入史料流传。至宋始有显者成氏迁居。其后有婺之戚氏迁居，当时又称乾溪戚氏（与戚继光同宗），并与赤岸朱氏数代联姻，元代名医丹溪朱震亨先生之夫人就是乾溪戚氏。再后有盘石丁氏、东阳明代兵部尚书许宏纲后嗣许氏。历代居住者们对皇门殿的仙人深表敬意，庙宇代有修葺，年年拜祭。一直流传至 1970 年，因修筑柏峰水库，全村居民悉数搬迁，而古迹从此湮于水底，没了踪迹。现赤岸镇政府在皇门殿桥头立皇门亭以纪念。亭有楹联取自宋代徐侨诗《丹溪吟》：“丹溪群山俱有情，颙昂环列如逢迎”，为冯志来先生手书。在石崖下立有“黄大仙碑”和“皇初平碑记”，还有中国道家文化协会执行会长吴丹丰撰文并书“丹溪皇门殿记”碑，以纪念黄大仙古迹。丙申年（2016 年）七月杨守春先生题写的“山口村遗址”碑（碑高 5 米，宽 1.5 米），及吴潮海先生撰写的“山口村记”碑，树立于皇门殿桥头（因山口村遗址已被湮没于柏峰水库库底）。

最后，呈上皇门殿原庙联，聊表敬戴之心：

“此地看，高山流水，历沧海桑田，幻叱石成羊，望鸡犬同升，真仙境；那厢歌，斜阳晓月，过短篱残菊，羡斯人得道，悟田庐有别，竟是天。”

3. 定力寺与将军殿大石头与土地庙

定力寺，原名栖霞禅寺。始建于乾隆年间，乃千年古刹。古刹为三进三开间的砖木结构，第一进天王殿，也叫山门，前有照墙，进门就可见弥勒佛，露胸坦肚仰坐在山门的中间，他的背面站着韦驮神态威武，两旁是四大天王，一边两尊。隔天井是巍峨的“大雄宝殿”，神态端庄的如来佛祖盘坐在正中一间的佛座上，大鹏在头顶盘旋，前是供桌及膜拜的团凳，左边一间是文殊菩萨，骑着麒麟，右边一间是普贤菩萨，骑着大象，两旁是十八罗汉，每边九尊，神态各异。后面一进是观音堂，中间供奉观音菩萨，神态慈祥地坐在荷花盘座上，手持净瓶与柳枝，左右站立金童玉女，左边一间是风神雨神塑像，右边一间是雷公电婆塑像，大殿两旁是厢房，每边十间，均为楼房。中间有两米余的天井与大殿相连，是方丈室及客房，余下是僧人吃饭、住宿的场所、廊舍。庙宇恢宏，雕梁画栋，建筑协调，香火鼎盛时，有四百僧人做道场，善男信女络绎不绝前来膜拜，到民国后期，僧人已改为尼姑了。解放以后，老尼姑圆寂了，冯金菊尼姑成了毛店初中的炊事员，王善靖尼姑成为枫坑水库职工。

民间有一段美丽的传说。义乌南乡，古时称廿八都，三角毛店村附近有座停力寺，离寺 2500 米的里仁村，有一座将军殿。相传元朝至正末年，昏君当道，奸臣乱朝，国政衰颓，民不聊生。

一夜元朝至正皇帝睡得正香，梦见一道人至床前，口念诗句：“江山覆灭，孕妇重生。国政何主？洪武金陵。”皇帝一醒，品味诗句觉得奇怪。凌晨，皇帝召集百官释梦。众官皆曰：“此梦对皇上不利。”“江山覆灭”是指快要改朝换代；“孕妇重生”是指新皇从娘胎快出；“洪武金陵”谓新皇洪武登基在南京。皇上一听，龙颜大怒。立即下令：把所有名家孕妇一概捉拿归案。

有一孕妇，名叫刘氏，一听皇上有令，忙与丈夫商定，化装为乞丐，一路带孕逃生。一日逃到一户农家。这时腹内疼痛，就在猪栏边分娩。见是男孩遂取名朱元璋。

转眼朱元璋已是七岁了，这年，母亲得了伤寒症，病故在途中。小元璋向人求救，埋葬了母亲。拿着母亲的讨饭棍，孤单一人，日夜逃命。

某日，朱元璋逃至义乌廿八都，元兵紧追不舍，逃到后金宅旁，见有块大石头，朱元璋急中生智，藏身大石头背后，心中默默祈求：“大石头土地，帮我躲过此劫，日后我定为您建庙延续香火。”说也奇怪，元兵从大石头旁经过，对朱元璋却视而不见，追了过去。朱元璋离开了大石头，刚到俞村（今三角毛店村），元兵又返回，朱元璋见状，忙逃进俞村，见土地庙门敞开就躲了进去，藏在供桌背后。元兵追到土地庙，见庙门上布满蜘蛛网，蛛网完整无缺，好像长久无人进入过，就没进去搜查，朝别处追去。朱元璋离开土地庙，逃至枫坑口的白溪头时，后面官兵杀声震天，眼前有几丈阔的溪水像万马奔腾滚滚而来，阻住朱元璋去路。见溪水汹涌，无法通过，朱元璋仰天叹道："天啊！你如想我有出头之日，快把溪水降三尺。"话音刚落，顿时白溪滩头水势降落了，朱元璋满怀高兴，急过白溪滩头，直向栖霞寺而逃。刚上岸，后面溪水哗哗作响，水位马上升高。追兵呆若木鸡，站在溪岸，谁也不敢下水，只得偃旗息鼓，回营报差去了。

这时天黑了，朱元璋便投宿于寺内。正值三伏天气，山谷的蚊子、苍蝇理应特别多。他就和衣而睡。说来也奇怪，这夜蚊、蝇断迹，香气袭人，使长期逃难的朱元璋舒舒服服地睡了个痛快。

再说朱元璋的舅父刘基（刘伯温），料知朱元璋出世后，母子俩相依为命，求乞异乡，便打扮成商人，过淳安、走建德、到金华，一路寻找亲人。

某日，来到义乌地界，准备投宿栖霞寺，他举步走进寺来，只见一大殿角落一男孩睡着，一根讨饭棍垫在头上当枕头，两手两腿左右伸开，脸朝天而睡。刘基定神一看，活像一个"天"字；顺脚给孩子一拨，这小孩翻转成侧睡，把棍子夹在腰间，头一钩，脚一弯，即变成一个"子"字。这时，刘基如梦大醒：啊，是"天子"！外甥找到了，刘基非常高兴急忙叫醒外甥，交谈了来龙去脉，刘基才知道自己亲姐姐已经去世，只留下外甥一人。从此甥舅相依为命，为保护外甥继续逃生。

再说至正皇帝一连几年追捕新国主都成泡影，但是至正皇帝仍不放弃追杀未来的天子。一日，至正皇帝下令吴立刚将军，不分昼夜赶至义乌，捉拿新国主，不得有误。

吴立刚奉旨回家，精神恍惚，当夜梦见一大一小向他表白："我是未来的国君，替天行道，除虐灭元，挽救百姓、请将军顾全大局。"次日，吴将军辞别妻子，带领人马，直奔义乌而来。

这日，朱元璋甥舅俩离开栖霞寺往里仁村逃去，途中正好遇到这位将军。吴将军一见便问："你们俩谁是未来的新国主，要造元朝的反？"刘基不慌不忙地说："将军息怒，如今元朝天数将尽，连年穷兵黩武，民不聊生，这小子有帝皇之位，将军是识大体之人，何不弃暗投明？"吴将军道："食君禄，忠君事，古之已然！"刘基又劝说："良禽择木而栖，良将择主而事，自古有之！愿吴将军切莫错过立功之机。"吴立刚一听，连忙下跪："国主当朝，百姓有幸，末将愿献蚁命。"最后，吴立刚把如何奉旨出京，一五一十向他们道了底，甥舅俩如梦初醒，急忙拜谢吴将军不杀之恩。

吴将军抗旨放走甥舅俩，便决定不回京都自刎于义乌里仁毛栗坑口小山岗上。

而后，朱元璋在舅舅刘基的辅佐下，招兵养马，四方响应，很快打败元军，而成帝业，建都南京。朱元璋在金陵登基，建立明朝，国号洪武。朱元璋为表彰吴将军舍己救人之功，在洪武廿九年（1396 年）在里仁村毛栗坑建筑一座“将军殿”，树碑立传。同时，把避难过的栖霞寺，敕封为“停力寺”。“停力寺”，因“停”与“定”谐音，所以就写成“定力寺”。又兑现诺言，在后金宅建一座大石头土地庙，送给俞村土地庙，御赐“报恩”匾额一块（此匾额今仍然被毛店人保存着）。

定力寺方圆百里群众前来朝圣，常年香火不断。历代文人墨客，仙道真人，官宦士绅，在此曾留下众多的文化遗产。历来是浙中朝圣旅游之胜地。定力寺内朱元璋睡过的青石板果真蚊蝇断绝。白溪摊也是“大雨溪过顶，晴天溪底流”。

解放后，各种宗教活动都被停止了，1956 年下半年，全国对农业、手工业、资本主义工商业的三大改造工作基本完成，宣告进入了社会主义，1958 年人民公社化席卷天下，定力寺也成了义乌商业局办的畜牧场，许多资本家轮番来定力寺当饲养员，有养猪、放羊、牧牛，一直到 1961 年才停办。

由于毛店初中因田沿校舍纠纷无法解决，就从田沿迁往定力寺，1962 年暑期，毛店初中停办，所有学生并到赤岸（义乌四中），定力寺改为农中。20 世纪 70 年代(“文化大革命”时期)定力寺除招收小学毕业生外，还招初中毕业生，成为完全中学，到 80 年代又改为毛店初中，由于地处偏僻，日照不足，湿气太盛，常常有长虫蛇出没，且学生的疮疤、冻疮不绝，师生对迁校呼声越来越强烈，1997 年 9 月 1 日迁移到毛店村五指山路 1 号，理想终于实现。定力寺又成了义乌市教育局办的“义乌市中小学生劳动基地”。

4. 王宅、王宅塘、王宅井

王固故里话沧桑

2017 年 8 月 19 日，浙江凤林教育基金会会长王建民、曲江王氏宗祠理事会王希琦、王基贤、王建中及赤岸青口状元祠理事会王晋木、王宏敏先生一行来莱山村考察王宅旧址——王固故里。

一、谦谦君子

王宅的先人王彦超，对于他，许多人并不陌生。

王彦超（914—986 年），字德昇，大名临清（今河北临西）人，五代至北宋著名将领。北宋建立后，加中书令，还朝。不久，复为永兴军节度使。乾德二年（964 年），复镇凤翔。开宝二年（969 年），赵匡胤召王彦超与安远军节度使武行德、护国军节度使郭从义、定国军节度使白重赞、保大军节度使杨廷璋等同时入朝，在皇宫内苑设宴。席间，赵匡胤举杯对王彦超等五人说：“卿等皆国家旧臣，随朕鞍前马后南征北战，戎马倥偬，至今尚无休养安乐时候，这实非朕礼待贤臣的本意。”

王彦超马上听出了赵匡胤的弦外之音并立即想起那件揪心的往事——赵匡胤青年时期曾投奔过王彦超，但他只用了十贯铜钱就把赵匡胤打发了。赵匡胤建立北宋后，始终对这段不尽如人意之事耿耿于怀。一次，赵匡胤与王彦超设宴围猎，在酒酣耳热时道：“卿昔日在复州，朕往依卿，卿为何不收留？”王彦超立即避席跪倒说：“当日臣不过一防御使耳，一勺浅水岂能容纳神龙耶！假使当时陛下滞于小郡，安有今日哉！”当时赵匡胤一笑了之，就未再提及。今日一听他言，就完全领会了他的意图，马上离席跪奏道：“臣素来功微，承蒙恩宠，现年事已高，望能恩准我告老还乡。”赵匡胤也马上离席亲自扶起他且嘉慰道：“卿可为谦谦君子矣。”

然而，武行德等人却不明白赵的用意，历陈平昔战功及履历艰辛……结果次日，赵匡胤下诏，撤销他们职务，收回兵权。只有王彦超主动交出兵权乞归田园之举深为赵匡胤赏识，反而留镇如故。

开宝三年（970 年），王彦超应诏进京，改为右金吾卫上将军，判街杖事，可谓位高权重。但他看到一大批昔日有功之臣削职为民，深感京城绝非久留之地。于是，他一方面倍加小心地勤政，另一方面不断上书乞求致仕并谋划着外迁之事——派出家人南下四处寻找理想的隐居之所。

二、遇“凤”而停

那么，何为“理想的隐居之所”呢？

同光三年（925 年），年仅 12 岁的王彦超随后唐魏王李继岌西征前蜀，在班师回朝至陕西渭南时，部将李嗣淙谋反……他心灰意冷，大有看破红尘之意，于是就上凤翔县重云山拜晖道人为师，出家修行。晖道人觉得王彦超并非凡夫俗子，就赠送银两衣帛劝其离山还俗。临行时，晖道人赠言：“今后遇有疑难之时，可选一带‘凤’之所居之。”几十年来，王彦超铭记晖道人的赠言，故此次打发家人南下时，就让他们依照晖道人的赠言进行寻访。

据《凤林王氏家谱序》卷之一第 10 页载：“……惟彦超公自会稽而徙居婺之乌伤凤林乡折桂里来山之阳水月塘家焉……”这篇大宋绍兴二十九年（1159年）岁在己卯春正月之吉太子宾客观文殿学士兼知枢密院事颍川陈康柏撰的序文中，已把他的“理想”住处说得明明白白：

乌伤凤林乡折桂里“来山”之“阳”“水月塘”家焉。

那么“凤林乡”在何处呢？

据义乌《康熙县志》卷之一《乡隅》第 17 页街巷市镇附载：“自昔并邑，

丘甸之规变而坊隅都保之制兴，邑内分四隅，隅有坊，城外分八乡，乡有都。唐乡三十……宋乡二十六，各有都，都各有保。熙宁中（1068—1077 年）行保甲法，十家为保，五十家为大保，十大保立一都，保遂以二十六乡为二十六都，保仍有八乡旧名以统之，乡之废者以为所管理……”由此可见，唐朝，义乌分三十个乡，其中就应有“凤林乡”，宋时并为二十六个乡，彼时“凤林乡”应该还存在，后来“乡”之废者以为所管之里，因而，“凤林乡”之名就消失了。好在该序接下去写道：“来山”之“阳”“水月塘”家焉。

乡可以消失，山却移不动。来山是山，它在何处？

来山是山脉，大山脉气势磅礴，自它发脉起始能不断延伸几千里，来山是小山脉，它是大山脉的终端，它是“无力”延伸的：

仙霞岭余脉八素山支干大寒尖……分支往西北走，尽于高寿尖，高寿尖分南北两脉，均尽于来山。《名胜志》中有载：“群山远来，至此而止，故名。”

人事变迁，山河依旧，只要深入实地观察一下地形地貌，就知道上述断语不谬：来山止于“莱山村”。来山是不能移动的，也无人能改变它的地理位置。那么，“来山之阳”的“阳”在何处？我想这个“阳”字不用我赘述，读者诸君心知肚明，“阳”即山的“南”面。而且还有建在“来山之原”以山命名的来山寺和来山之阳、以来山命名的“来山村”兹以作证。

据《崇祯义乌县志》卷十七《仙释》载：“嵩头陀，名达摩，梁天监十七年(518 年)期间来，居香山岩谷丛林间……普通(梁武帝年号)中(520—527 年)建来山寺，留铁鱼磬而至龙丘入灭。”

来山寺距今已有约 1490 年历史了。南北朝时的梁武帝，是个虔诚的礼佛者，在那佛教盛行的年代，哪里有寺庙，哪里就声名远扬，何况这是印度高僧达摩祖师所建并留有铁鱼磬的宝刹，名声就更广为流传，信徒纷至沓来。寺的昌盛就有了村的繁华，从而就有了坐落在“来山之阳”并以山命名的莱山村——旧志系“来山村”，后改成“莱山村”，“莱”与“来”通。可见，莱山村是廿八都最先开发、发展的村庄之一。

青少年的王彦超曾上重云山拜过晖道人为师，可见王彦超的骨子里就有崇尚佛学的理念。几十年来，金戈铁马、南征北战，虽战功累累致地位显赫，但看到与自己同时代的将帅从高位上摔下，色彩斑斓的光环瞬间就烟消云散。这人生如梦，惊心动魄地走了一大圈后又回到原点。他老了，他累了，他醒悟了，他想找一方皈依佛门的清净之地颐养天年。正好来山的来山寺，恰巧坐落在凤林乡内，既了却晖道人“遇凤而停”的言，又圆了自己从少年就向往礼佛而终将皈依佛门的夙愿。所以，他就从会稽徙居乌伤之凤林乡折桂里来山之阳了。

水月塘在“来山”山脚的洼地中，在来山寺东南角，距来山寺不到 500 米，是自然形成半月形、水面有670多平方米的水塘，可谓山清水秀。王彦超择此地而居，既可与来山寺住持不时谈经论道，又远离市井、远离纷争，实乃理想住所。王氏迁入来山后，在水月塘东面开了一口井，名“王宅井”。

如果大家还认为“来山之阳”在莱山村范围有争议的，那么可以从《浦江凤林王氏宗谱》进一步得到肯定：

《浦江凤林王氏宗谱》凤林内纪总系图中记载王彦超次子王标的生平：“标，行敬二，郡庠生，天性颖悟，志趋光明，舍武事而崇文学，协顺家庭，誉孚远近。乾化甲戌(914年)六月初七日生，景德丙午(1006年)四月初十日卒。娶蒲墟(赤岸)杨氏，天成丙戌(926年)二月初九日生，景德丁未(1007年)二月十九日卒，合葬来山之阳郭坟。”

郭坟（谷坟）在所有《凤林王氏宗谱》上均有记载，它是王彦超次子王标（敬二公）墓，这是王氏诸宗亲不容置疑的事实，而且在清末宣统年间绘制墓址时，绘得清清楚楚，它在莱山村后面，如今《浦江凤林王氏宗谱》把它的方位进一步阐明：……葬来山之阳郭坟。他诠释了“来山之阳”的地理方位，也彻底诠释了“……惟彦超公自会稽而徙居婺之乌伤凤林乡折桂里‘来山之阳’水月塘家焉”中的“来山之阳”的地理位置所在。

三、王标与谷坟

太平兴国八年（983年），王彦超以右金吾卫上将军、太子太师致仕，此时，王彦超已是七十高龄了。子标，生后唐应顺甲午（934年）、孙钖，生显德四年丁巳（957年）、元孙搲，生开宝九年丙子（976年），因而王彦超徙居莱山时是携四代同来的。

雍熙三年(986年)王彦超去世，终年七十三岁。葬明义乡玉门冈皂角树下(雍正《义乌县志》45页记载)。按照封建社会丧葬“长子守坟”的定制，长子棣迁到王村（今赤岸镇朱店村南面）为其守陵，次子标留居莱山，管理家业。

王标，据《凤林王氏六派谱》载：“郡庠生，志趣光明，舍武事而崇文学，协顺家庭，誉孚远近，生后唐应顺甲午（934年），卒景德丙午（1006年）。”由此可见，王彦超徙居莱山时，王标已经四十九岁了。王彦超武功盖世，王标却弃武崇文，秉承父志，耕读传家，三代未有出仕，到了第四世玄孙固，始登进士。

王标去世后，葬来山村后之谷坟，坟址在王宅东北角不到200米处的来山东端脚下。宣统己酉（1909年）裔孙王允中编撰的“二十八都王村图”中，详细标明其墓图的方位和主人（王敬二公墓）。该墓坐北朝南，东西宽十余米，南北深八九米，墓高约五米。据传：出殡时，连日下雨，道路泥泞，用稻谷作砂石铺路和坟地，故称谷坟。之后，王氏修宗谱时，可能因“用‘谷’铺路”过于奢华，遂把“谷坟”写成“郭坟”了。值得一提的是来山寺在王宅西北角，郭坟在王宅东北角，从前莱山村元宵节迎龙灯最后一夜必须上来山寺朝佛，而王标坟前 60 米处有一条来山通往来山寺的直径大道，可是历代上来山寺的龙灯却舍大道特地岔进崎岖曲折的小径把龙灯绕行自王标墓东首进，经南面（正面）墓前至西面墓侧出再拐回大道上来山寺。显然这是奔王标墓而走的。这线路也许是当年王氏祖宗定下来的，可王氏宗亲在明朝中期就已经在来山消失，而迎龙灯上来山寺路线却几百年来依旧不变，虽然当地人们并不了解王标何许人也，但可以想见谷坟在人们心目中是多么高大。

四、王固王宅

王彦超是太平兴国八年（983 年）致仕后徙居莱山的，仅时隔十一年（淳化甲午—994 年）王固就出生了，所以王固是王标门下在莱山出生的王氏第一代祖，通例，人是以出生地为准作籍贯，故王固是生于莱山长于莱山、义乌北宋初进士。嘉庆《义乌县志》卷十四《儒林》第 268 页载："王固，受业胡瑗，登皇祐五年（1053 年）进士。初名囧，胪唱之日，仁宗赐以今名，因子天贶，官恩阳令，有治绩。"

由于王固出仕，加上宋朝皇权的更替，韬晦多年的王氏家族开始复苏，此后就代有达官显贵闻名于世。他们初来时，是依水月塘而居。瓜瓞绵延，家族壮大。当仕途顺畅，人丁发展，原居已难以满足之后，必须大兴土木进行堂构。古人是很讲究风水的，经过堪舆，在水月塘东北角百米之处的来山之原，建造了一片错落有致的大宅院，故称王宅。它坐北朝南，现在虽仅有中厅（正厅）三间，然而整座大厅正面（南面）自东至西的墙脚和整座大宅院东面自南至北的部分房屋和墙垣依然存在。20 世纪 80 年代之前，王宅的基址（整个轮廓）还是十分明了，它像个城堡；东西长约百米，南北宽也有百米，占地约一万平方米（其外部那些不规则的宅基址不计在内）。

从现存的中厅那庄重的梁、桁、柱和颇具特色的础石及浑厚粗犷又特别长的街沿石，不难看出这是一座古代宦官门第的宅院。宅院的大门前辟有上明堂，供轿马驻歇之用；隔路辟有下明堂，供收晒之用。下明堂左面紧挨新开的王宅塘，右面 20 米处就是王宅井。

这一座气势恢宏的厅堂建好后，并在厅堂正前方新开了一口长约百米、宽约 50 米的矩形大塘—王宅塘，站在正厅门口，穿过大堂前瞻，就是莱山人视作命脉的"葫芦"宝地。所以，王宅背靠来山，门对广宽王宅塘，前瞰收水葫芦，实是钟鸣鼎食之家，气象万千宅第。

五、王祎

王祎是忠臣，他的事迹再不用赘述。现有关他的身世，依史料记载说明如下：

据 1987 年版《义乌县志》第 645 页记载："王祎（1322—1373 年），字子充，

号华川。凤林乡（今尚阳乡）来山人，后依外祖迁居青岩傅……”

据《嘉庆义乌县志》卷十三《忠臣》第245页记载：“王祎，字子充，号华川，宋‘皇祐进士固十二世孙’。”

据《雍正义乌县志》卷五之《王忠文公祠》第23页记载：“……子孙皆贤而有能守其田庐……王氏初居义乌邑中，后南迁十里青岩山，则自公始……”

综观上述，王祎是莱山人，王祎的血统是二房，王祎是凤林王氏家族第一个住到城里的人。

王固是王标曾孙，王标是王彦超次子、二房（敬二公），王祎是“固”十二世孙，毋庸置疑，王祎原本是二房人，而如今有说他是沙溪人，是长房（敬一公）名下人，这究竟是怎么一回事？

我们不妨来看看复自上海博物馆所存的《凤林王氏宗谱》中黄文献（溍）先生所撰的《元故南陵先生王公墓志铭》见光绪乙丑（1889 年）重修的《义乌南陵王氏宗谱》卷之一中所载：“……初，考君无子，尝鞠其族子而弗克家，复选于族人，得先生以为子，俾尽有田庐。先生辞曰：凡为人继嗣，贵能绍其先业，尔田庐固非所计。而田庐之所不均，先生未有不因以窾者也。考君贤其言，卒成其志而均给焉，族党以是多之……”

这是一段值得大家深究的话，他确切地解答了人们几个存疑：一是他解开了王祎之祖——王炎泽原本是二房的钥匙：“……初，考君无子，尝鞠其族子而弗克家，复选于族人，得先生以为子。”

王彦超六世孙从用由凤林迁居沙溪，传至十三世孙王济，王济是长房棣十世孙，迁至沙溪的从用的六世孙，他没有儿子，他要选个继子，他“尝鞠其族子而弗克家”，族子是指他们自己迁至沙溪这一支人内部，但“弗克家”，没有理想的人。这才“复选于族，得先生以为子”。这里的“族人”就是在凤林王氏大家族内选拔，“终得先生以为子”了。“族子”“族人”界限分明，并且也印证了清嘉庆《义乌县志》第 245 页中“王祎……固十二世孙……”的记载之实。王固是王标（敬二公）曾孙，综观上述，王炎泽乃至其孙王祎其祖上是长房还是二房，就透彻明了了。

二是“凡为人继嗣，贵能绍其先业，尔田庐固非所计……”他十分明白地告诉人：他之所以承继，是为“绍其先业（学业），田庐固非所计”。而“君（王济）贤其言，卒成其志，均给焉，族党以是多之”。

他为什么“尔田庐固非所计”呢？因为他自己在凤林乡来山有赖以生存的祖业，所以他只“绍其先业，田庐固非所计！”既然他没接受“田庐”，那么，他到底有没有去过沙溪呢？也就是说他的家到底在哪里呢？

“家”是人们的避风港，大凡人们在外遇到曲折或走投无路时，首先想到的是“回‘家’去”。王祎二十七岁离家赴京谋求官职，上书七千言。时宰嫌其彻直，不予录用。这对于满怀信心，一心求取功名的王祎来说无疑是个沉重的打击。如果他的居家在沙溪的话，按理他必然退回沙溪“疗伤”，但他没去沙溪而去青岩傅，为什么？真是疑云重重。好在“山重水复疑无路，柳暗花明又一村”，终于在清康熙《义乌县志》卷之八第 13 页和《浙江文丛·王祎集》上册第八页中王祎自己所写的《家居诗》中找到了答案：

家居华川上，及此三百龄。

老桂蔽后堂，长槐列前庭。

赤岸是华川古县城，“来山之阳”在华川上面，他的诗文也印证了 1987 年版的《义乌县志》第 645 页载“王祎是凤林乡（今尚阳乡）来山人”这一史实。

也许有人会问：王济在东，王炎泽在南，相距近百里，怎么会选到他呢？据清《康熙义乌县志》卷之十一《选举》第 14 页载：“景定二年（1261 年），乡举王济、王炎泽二人。”他俩一道乘乌篷船赴省会会考途中，长时间的接触和相互对学业的探讨，两人从相识到相知并彼此仰慕。因而，当王济在选择继承人时，就把这个心仪已久的王炎泽选上了。

莱山，地处偏僻，离县城 35 千米，崎岖的小道轿马不便，当王氏出仕的人多了，便与亲友交往、学术探讨，他们就随亲或随官而迁去他乡。而王祎更是在县城创办了“华川书舍”。但他迁出来山后，他依然念念不忘来山故居美景。

自王祎到青岩傅依附外祖之后，王宅人丁就慢慢地萎缩了。

六、世事沧桑

翻开《山盘紫阳朱氏宗谱》卷十七《行传》第 3 页载：“行莲四，讳仁莹，字彦华（系山盘紫阳朱氏自黄岩迁至山盘的三世祖），生元至正辛巳（1341 年），娶凤林王进士固公之孙女，生元至元庚辰（1340 年）。”由此可见，王祎、朱仁莹及王固裔孙女是同时代人。

固之裔孙女与王祎是同辈叔伯兄妹抑或隔辈叔伯侄女。其时朱、王两家已建立了姻亲关系。再过一百余年，仁莹的裔侄孙朱宝，字廷善，号三塘，生天顺壬午（1462 年），徙居王宅。此时，王氏在来山应趋消亡，朱氏取代王氏在王宅瓜瓞绵延。至今几百年来，朱宝的后人世世相传着守护“谷坟”的职责，朱、王两族后人亦历来走动如初，这或许是源于朱、王两家早期亲谊之故吧。

千百年来，水月塘几度兴废后，终于在 20 世纪 60 年代大包干时填塘改田。如今，水月塘及其周边已是幢幢高楼矗立；21 世纪以来，沉睡了多年的“葫芦”更赋予了它新的生命—莱山村辟出了“葫芦湾滑草场”，成了义乌乡村游的一大亮点；广阔的王宅塘依然清波荡漾，塘中曲折石桥穿亭而过，四周霓虹闪烁，是人们洗涤和夏日消暑的好去处；王宅井是一眼水面不过六七平方米、深不过一米余的平地井，水量充沛。如果说它是地表水，那么 1967 年干旱四个多月，其周边农田全龟裂，全村晚稻几乎绝收，周边村庄不少水井枯竭，王宅井的水却依然取之不尽，承担着全村七百余人的生活用水，使附近村庄人们赞叹不已，千百年来其水依旧甘甜清澈，质量远胜自来水，它招引莱山不少农户舍自来水不用而乐意挑着水桶去王宅井取饮用的水；唯有王宅大厅，几百年来，虽经数度修缮，终因年代久远，中厅正间前半间的椽、瓦和西面前檐柱均已坍塌。它像一个垂暮之人喘着微弱的气息向世人诉说着苍凉……

好在目前王宅后人——浙江凤林教育基金会会长王建民先生偕宗亲一行几度身临其境进行考证，并决心把王宅大厅进行修复。这将是一件多么振奋人心的快事、喜事、善事、孝行，相信不久，这幢千年古宅必将旧貌换新颜，它以新的雄姿展现在世人面前。

本文参考资料：

①清 · 康熙《义乌县志》
②清 · 嘉庆《义乌县志》
③一九八七年版《义乌县志》
④《凤林王氏宗谱》
⑤浦江《凤林王氏宗谱》
⑥上海博物馆馆藏清•光绪己丑《凤林王氏宗谱》
⑦《山盘紫阳朱氏宗谱》
⑧莱山村王宅故址及相关遗址

朱师志撰稿

5. 赤岸十八怪

赤岸第一怪，千年铁塔烂不坏。
赤岸第二怪，绿色豆腐柴叶做。
赤岸第三怪，岩石当作豆腐开。
赤岸第四怪，铁锅倒着白酒来。
赤岸第五怪，双尖石岩大帽戴。
赤岸第六怪，皇门洞石乐谱绘。
赤岸第七怪，羊印岩缝白烟炊。
赤岸第八怪，佰念显灵长矛骇。
赤岸第九怪，太公坐上才能抬。
赤岸第十怪，义乌县打廿八都。
赤岸第十一怪，莱寺无存蜘蛛网。
赤岸第十二怪，羊迹仙蹄石上烙。
赤岸第十三怪，横梁木雕变色鱼。
赤岸第十四怪，松瀑山岩指纹绘。
赤岸第十五怪，新屋岩石会生蛋。
赤岸第十六怪，洪武眠过无蚊飞。
赤岸第十七怪，出殡棺材救活来。
赤岸第十八怪，石硬樏让柴刃开。

6. 赤岸十八怪解释

赤岸第一怪：千年铁塔烂不坏。

举世无双的“双林铁塔”乃赤岸十八派朱氏野塘老人所铸造。双林古刹镇寺之宝，无论其形花纹图案可谓巧夺天工，美轮美奂。野塘公创立朱氏十八派十八小宗祠。相传幼小的野塘公与母陈氏是躲在双林寺碾盘底下才逃脱虎口，唯一幸存下来。野塘老人晚年信佛，乐善好施，看到号称江南第一的双林寺庙宇巍峨壮观，僧舍众多。野塘公老人便萌发了捐资建塔的念头。他认为“梁木必有坏时，不若镇以铁塔”，双林寺会因后人修葺而不被废弃，双林铁塔亦能随之留存下来。用铸铁塔之余铁铸造罗汉一十八尊，各授以一，使散处远近。因铸造铁罗汉18尊，后裔持有铁罗汉者为同宗共族之徽。铁罗汉像 18 尊，高不过 2.3 米，按如来座佛像两边十八罗汉仿造，其工艺与铁塔一致姿态各异，惟妙惟肖，生动优美而庄严肃穆，令人敬仰。老人冶炼技术之高，牢不可破，坚不可摧，千年不烂。

赤岸第二怪：绿色豆腐柴叶做。

传说是观音菩萨恩赐人间美味。绿豆腐的制作方法：先将新鲜的豆腐柴叶摘下来；用清水洗几遍，然后用清洗干净的豆腐柴叶加入适量的水（有条件的也可以用冷开水更卫生），当然水量的多少决定了豆腐凝结成块之后的软硬度。进行反复揉搓，把绿豆腐柴叶里的汁液揉搓出来，直到感觉有点黏稠为止，感觉把叶子搓成泥状就差不多了。接下来的工作是过滤。使用的工具是另外一干净的空盆子和一面纱袋，纱袋的眼口最好细一些，把盆子里的半成品缓缓倒，再加上适量水，然后用力挤压纱袋，将稠汁滤出。过滤出来的绿豆腐柴叶的汁倒入干净的容器里，过几个时辰就自然凝结成绿豆腐了。

赤岸第三怪：岩石当作豆腐开。

赤岸柏峰水库皇门殿的一块很大岩石，边角切进 1 米深直角，岩石上像切豆腐一样，很神奇。传说皇初平、皇初起亲兄弟，修炼50载，超凡脱俗，潜心修道，钻研丹药，40 年不食人间烟火，终于悟得修道玄机，终成神仙。皇初平，号赤松子，皇初起号鲁班。大岩石缝是皇初起施法留下的痕迹。

赤岸第四怪：铁锅倒着白酒来。

烧酒或糟壳酒，是用黄酒过滤后的酒糟加稻谷壳。经过再次发酵后，并经铁锅倒着蒸出来的酒水，其酒精度极高。经此过程得到的酒水在很久以前称为“酒汗”，人们也称为烧酒。据考证，黄酒糟、高粱、蕃芋丝，为主原料，经过发酵，用蒸的方法，将锅倒回来盖在上面，取其蒸出的酒水，便是白酒，这就是所谓的铁锅倒着能制酒。据记载，赤岸酒文化已经有 2000 多年的历史。

赤岸第五怪，双尖石岩大帽戴。

双尖山峰龙冲自然村，有一处石林约 600 平方米，像是巨石阵，形成了岩石林立，千姿百态的奇观，有大部分岩石块叠加在上面，远处看去很像一顶帽子，人们就称其为岩石要戴帽子。

赤岸第六怪：皇门洞石乐谱绘。

柏峰水库库尾在皇门洞天处，很早很早以前传说神仙斗法留下遗址，有一块岩石高 1.5 米，直径 2 米，像一个大鼓放在那里，鼓面朝上中央有一条缝，看上去不是人工凿出来的，不知哪位神仙大师用什么法器割出来的，但更神奇在鼓边凿了 5 条线，而且分布均匀，像音乐的五线谱，很难想象，用鬼斧神工4个字形容最恰当不过了，它给后世留下了令人惊叹的奇观，人称“天宫五线谱”。

赤岸第七怪：羊印岩缝白烟炊。

羊印村有一条山岭称羊岭坑，从古城墙进去，有一条十分陡峭的山岭，通向天龙寺，途中岩石到了冬季就向上冒青烟，故百姓称为会冒烟的岩石，其石冬暖夏凉，十分神奇。

赤岸第八怪，佰念显灵长毛骇。

“长毛”造反，即1851年洪秀全领导的太平天国起义，由于组织纪律不严谨，到后来一些地方起义队伍鱼龙混杂，地方土匪纷纷加入，变成了一支烧杀抢掠，危害百姓的队伍，老百姓恨之入骨，称之为“长毛造反”。所到之处，村村遭殃。某日，要经过鱼曹头村，村民很快就自发地组织了一支抗击“长毛”的护村队伍。他们首先在陈佰念的佛像前进行了祭拜，表达了誓死不让“长毛”进村的决心和意志。然后身背铳（猎枪）并埋伏在“天山鸡岗”“两头洞”一带，严阵以待。到了傍晚时分，“长毛”果真来了，看着前面几个举着旗帜的“长毛”进入了猎户们的阻击射程之内，只听轰隆一声巨响，走在前面的七八个“长毛”应声倒地。“长毛”头子吓破了胆。在这样偏僻的山头之上，怎么会有这样强大威力的武器？他连忙拿起望远镜来看，只见对面一个“红脸大汉”，正用一杆长长的枪瞄准着他们。“长毛”头子吓得脸色苍白，大叫一声从马背上滚落下去。此处太危险了，立即命令队伍，绕道挂纸岭而去，鱼曹头村避过了一劫。山里人都说，这是陈佰念显灵，“长毛”头子看见了“红脸大汉”绕道而逃。

赤岸第九怪：太公坐上才能抬。

陈太公坐在木头上才能抬回家的神奇传说。雅端村修建陈家大院时，造房子木材从龙游水运到倍磊埠头，有一天 36 个人抬一根木头，36 个人抬到寺口岭，由于岭长又加上陡，时间也已中午了，36个人肚子也咕咕叫，人也筋疲力尽，就原地停下休息，怎么办呢？大家一筹莫展时，有人提议，回去禀报东家，说：“抬到寺口岭树神显灵，木头不肯回家，木头一动也不动赖在岭中央，请东家去看看。”东家陈太公一听，就明白了几分，便叫家人备足点心，前往寺口岭。陈太公来到了寺口岭，对大家说：“你们辛苦了，先吃点心……”大家吃了点心，也休息了个把时辰，力气恢复差不多了，陈太公查看木头抬不动的原因，因台阶太高，前头木头被卡在台阶上，36 个人力气使不上的原因找到了。陈太公坐在最后的木头尖上，前面的木头就翘了起来，木头被平安地抬回家。这样被人们传说为陈太公坐在木头才能抬的神奇故事。

赤岸第十怪：义乌县打廿八都。

义乌南乡廿八都有座五指山，离义乌城35千米，三山殿就在五指山的北麓，前面有座后架山，形像一头大象，也有五个山峰，故有人说三山殿是座五指，朝五指，三山大官就显得格外有灵验，有求必应，而且三山大官是掌管阴曹地府的第一殿，凡义乌籍人氏，不管城里城外、城东城西、城南城北，凡死了之后都得先到廿八都三山殿报到，然后再折回城里的城隍殿，这个曲折来回的过程就有了“义乌县打廿八都”一说。因为三山殿在廿八都，故“廿八都”就成了“三山殿”的代名词，这个“打”字就是“打道”或“先到”之意。

赤岸第十一怪：莱寺无存蜘蛛网。

莱山寺距今已 1480 多年了。寺宇曾屡修屡毁而且多已倒塌，至今仅存民国36年(1947年)重修的三间正殿。由于时代变迁，寺内办过养猪场、办过学校、再后来成了生产队的烧焦灰和堆积场所，但从来也没有蜘蛛一类虫子，至今科学怎么发达，也无法解释，成了一个不解之谜。

赤岸第十二怪：羊迹仙蹄石上烙。

羊印村，很早以前是永康叶溪坑柳姓一族住的，村名叫柳村。有一天夜里，柳姓太公在睡梦中见一牧童牵着羊到溪边吃柳树叶，不一会儿又来了一群羊，也大口大口啃溪边的柳树叶，眼看柳叶都要快啃光了，柳太公慌忙去赶羊，可是总赶不走。柳太公大呼来人，醒来时才知是一场梦。第二天，柳太公把昨晚所梦原原本本地告诉他的子孙们，并说此梦是不祥之兆：羊吃柳叶，柳难成荫。这时，有村民来报，村前那块大岩石上，留着鲜明的羊脚印。柳太公更觉惊异，决定全族迁居。不久，柳姓一族便迁移了，这地盘后来由周姓人居住。周姓人定居后，人丁兴旺，丰衣足食，不到 10 年，便成了几十户人家的村子了。

赤岸第十三怪：横梁木雕变色鱼

雅端村的古建筑容安堂始建于清朝嘉庆庚申年间。其雕刻栩栩如生，但由于历史悠久，颜色已显灰暗。唯独这木雕鱼色彩鲜艳，金灿灿的。古建筑的一面墙上还挂着一块乾隆年间的牌匾，写有“诚朴可风”四个大字。这群木雕鱼共有八尾，其中五尾鱼在打雷的时候会一闪一闪地发亮，而且阴雨天变红色，晴天变黄色。一年随着四季变化颜色。至于为什么会出现这种现象，村里有好几种说法。有人说，这种现象是空气中的真菌在起作用，使木雕鱼随天气变化而变色。也有人说，当年陈姓祖先在建造“容安堂”时请高人施了法术，让凡鱼成了仙鱼，为后世祈福。但是，这些都是村民自己的想象，并没有科学依据，这种神秘的现象至今还没能用科学来进行合理解释。

赤岸第十四怪：松瀑山岩指纹绘

松瀑山岩石独特，称为“古松化石”，岩石纹路像指纹一样，也像树纹，专家称这种岩石世界独一无二，十分珍贵。

赤岸第十五怪：新屋岩石会生蛋。

大新屋村筑水库挖泥土，挖出许多大的像篮球，小的像乒乓球的圆圆石头，老百姓叫恐龙蛋。根据专家实地考察，称火山弹。火山弹是火山爆发时，熔融或部分熔融的岩屑飞入空中，冷却下落形成。由于流体动力学的作用，岩块形成了圆滑的形状。火山弹包括圆形、长形、纺锤形等多种。村民戏称 ：“岩石会生蛋。”

赤岸第十六怪：洪武眠过无蚊飞。

元朝末期，朱元璋少年逃至义乌廿八都，元兵紧追不舍，朱元璋在后金宅旁，一块大石头后，躲过元兵的追赶，在俞村（今三角毛店村），又躲进俞村的土地庙内，后又逃至枫坑口的白溪滩，躲到棲霞寺。当时正值三伏天气，就躺在青石板上睡觉。说来也奇怪，这夜蚊子断迹，香气袭人，使逃难的朱元璋舒舒服服地睡了一夜。朱元璋躲到大石头后面视而不见、躲进庙内蜘蛛网完整无缺、要过溪突然溪水降一米、睡在青石板上无蚊子，老百姓说不是真命天子，是神仙才能遇到这样的神奇故事。

赤岸第十七怪：出殡棺材救活来。

金元四大医家之一朱丹溪，某日，迎面遇上送葬的人群，一年轻人丧妻哭声十分凄惨。丹溪发现棺木经过处，路面上流淌着滴滴血迹，而且未干。对于血迹朱丹溪十分敏感，于是用手试之。他凭经验断定棺材里的人应该还未死。棺木里是一名产妇，因分娩失血过多而“死”。丹溪问明死因，断定是失血过多，元气大伤所致的假死，就向产妇的丈夫说明医理，力劝开棺抢救。打开棺盖，见死者面色苍白，尸体未僵，丹溪速将手下身试探，果见淤血鲜红。丹溪断定：“血未凝，体未冷，尸未僵，人未死，命尚存！”即将“救命还阳丹”塞入妇人口中，又以热盐汤启齿灌入。家人欣喜若狂，忙将妇人抬入家中。经丹溪精心治疗，产妇终于顺利产下一个白白胖胖的小宝宝。从此“见血一滴救母子”的美谈传遍山野大地。

赤岸第十八怪：石硬材让柴刃开。

石硬材，学名白鹃梅，落叶灌木。多呈小乔木状，高可达 3~5 米，白鹃梅姿态秀美，叶片光洁，花开时洁白如雪，光彩照人，是良好的观赏树木。树木有神奇功能，不管用多锋利耐用的柴刀，只要砍在白鹃梅树木上，柴刀刃必定有一个缺口，称：“石硬材让柴刃开。”

后记

今年是改革开放40周年，本人也恰逢参加工作40周年整。四十春秋，百废待兴的中国大地吹起了一股清新的春风。三中全会春风来，农村处处放光彩，斗移星转四十载，农民富裕在眼前。唱着“八十年代听众喜爱的十五首歌”，我有幸赶上了这么一个伟大时代。国际登山健身步道《赤岸探幽》书稿终于付梓了。面对书稿，我非常兴奋，兴奋之余，更多的是整理书稿过程所产生的感慨。

一生爬过多少座山不重要，重要的是你能记住多少座山。我写书不是炫耀，而是把我自己所爬山的快乐分享给大家，我也不会写书，只是将流传在民间的听到的看到的整理出来，于是拿出勇气，把一些人们从未听到过的无名山路和一些传说故事进行再现。假若人们在空闲爬山或者翻翻此书时，能记住其中的故事，也就不失数载之付出。

我爱赤岸，也喜欢旅游，“望得见山，看得见水，记得住乡愁”。2012年春夏，有幸考察宁海首条国家登山健身步道，感受颇深，默默许下诺言，义乌如要建一条像宁海那样领先国家一流的登山道，同时也编一本书，收集自然景观，恰好自己分管旅游工作之便，隔三岔五上山，勘察线路，熟悉情况。我清楚地记得，40多度的高温，也在山上；刮风下雨的天气中，也在山上；天寒地冻的日子，也在山上；早起晚归是常有的事，为了一个好镜头上山N趟也不足为奇，甚至冰天雪地上天龙山。为了拍到松瀑山瀑布景观，大雨刚刚结束，独自上山，由于路滑坡陡，跌了一跤，头破血流，脚摔伤，相机也摔毁了……通过这样的乐此不疲，拍摄了大量照片，收集了大量的文字资料，掌握了第一手素材，获得了感性认识。

与此同时，也带来了无尽的苦恼，这么多照片如何筛选呢？

原先的照片都是按照惯例以时间归类，现在编书要按拍照地点来归类。为了减少时间换空间的工作量，我决定先筛选照片。

在文字资料整理过程中，也碰到很多难题，束手无策。由于书中涉及很多地名，找到了《义乌地名志》，有些地名地名志里找不到，就询问当地老人。

有些一时找不到询问的人，就干脆直接开车到当地访问。有些文字太抽象，就请当地老人陪同现场获取感性认识，有些出入较大的资料，通过多种方式，参考各种资料反复推敲，恨不得自己长着翅膀想去哪马上就去哪，有什么问题马上就能找到解答的人。

印象特别深刻的是关于登山道名称确定，如“国家登山健身步道”就需要20多万元的冠名费，还有高额的设计费用，怎么办呢？作为全球第一小商品之都的义乌，仅住在义乌的外国人就有5万之多，为义乌推进国际小商品大都市建设，又恰逢国家“一带一路”倡议，在义乌做生意的很多老外去赤岸爬山，如何给国外的商人提供更好更方便的游玩攻略，有更方便地了解中国乡村文化的好去处，何不为老外在引路牌上标上外国文，方便国际商人，又可以宣传当地，又给农民增收。灵感一出，“国际登山健身步道”就这样诞生了。写书的宗旨：“让世界没有陌生的山路。”

建设国际登山健身步道得到各方面大力支持，特别是赤岸镇政府大力支持，在此表示感谢！

金华市政协副主席朱恒钱、《义乌市志》（丛书、年鉴）主编吴潮海撰写《序》，冯志来先生题写书名，在此表示感谢。

感谢提供书中线路图GPS数据的宁海县锦途体育文化发展有限公司。特别是市侨办帮忙，指示牌外文翻译由市侨办无偿提供，特表示感谢。在编辑和排版期间，所有人诸多的帮助和支持，一并表示感谢，对路书所有照片及肖像版权使用和收录的传说故事版本如有不恰之处望给予谅解。

书在装帧设计和编辑期间，郗先生给予大力支持，对本书提出许多宝贵意见表示感谢。

所有的这一切，对路书顺利出版，在此一并表示由衷的感谢！

由于时间匆忙和本人水平有限，本书难免存在一些差错，欢迎批评指正。

作者　朱天平
于 2017 年 12 月